☆本书得到福建省社会科学规划项目（FJ2021B026）、福建工程学院科研发展基金（GY-S19071）和科研启动基金（GY-S20013）项目的资助

农产品国际贸易与农业绿色全要素生产率

陈燕翎△著

INTERNATIONAL TRADE OF AGRICULTURAL PRODUCTS AND
AGRICULTURE GREEN TOTAL FACTOR PRODUCTIVITY

经济管理出版社
ECONOMY & MANAGEMENT PUBLISHING HOUSE

图书在版编目（CIP）数据

农产品国际贸易与农业绿色全要素生产率/陈燕翎著．—北京：经济管理出版社，2022.3

ISBN 978 - 7 - 5096 - 8331 - 6

Ⅰ. ①农…　Ⅱ. ①陈…　Ⅲ. ①农产品—国际贸易—研究—中国 ②绿色农业—全要素生产率—研究—中国　Ⅳ. ①F746. 2 ②F323

中国版本图书馆 CIP 数据核字（2022）第 040571 号

组稿编辑：李红贤
责任编辑：王光艳　杨　娜
责任印制：黄章平
责任校对：张晓燕

出版发行：经济管理出版社
　　　　　（北京市海淀区北蜂窝 8 号中雅大厦 A 座 11 层　100038）
网　　　址：www. E - mp. com. cn
电　　　话：（010）51915602
印　　　刷：北京晨旭印刷厂
经　　　销：新华书店
开　　　本：720mm × 1000mm/16
印　　　张：12. 5
字　　　数：201 千字
版　　　次：2022 年 3 月第 1 版　　2022 年 3 月第 1 次印刷
书　　　号：ISBN 978 - 7 - 5096 - 8331 - 6
定　　　价：68. 00 元

前　言

　　改革开放 40 余年来，中国取得了举世瞩目的成就。但是农业在快速发展的同时也存在着环境恶化和资源匮乏的隐患。推动农业经济发展从外延式向内涵式转变，促进农业绿色全要素生产率的全面提升，是实现农业可持续发展的必由之路，同时也是落实中央"绿色"发展理念和推进农业供给侧结构性改革的题中之意。要促进农业绿色全要素生产率的提升，必须综合考量国内自主创新和国际技术溢出等因素。进入 21 世纪，特别是加入WTO 以来，在国内农业资源环境制约不断增强的大背景下，中国农产品国际贸易总额持续增长，贸易结构也根据比较优势不断调整。农产品国际贸易在拉动经济增长和增加农民收入与就业的同时，更深刻地影响着中国各区域的环境质量以及技术进步。因而，将农产品国际贸易、农业环境污染和农业增长置于同一分析框架中，系统探究农产品国际贸易与中国农业绿色全要素生产率增长的关系具有重要的理论和现实意义。

　　本书的研究内容主要包括五个方面。第一，系统构建农产品国际贸易与中国农业绿色全要素生产率增长的理论分析框架。从农产品国际贸易的全要素生产率效应以及环境效应角度，分析探讨农产品国际贸易对农业绿色全要素生产率的影响机理。第二，详细分析农产品国际贸易的现状并测算农业绿色全要素生产率。对农产品国际贸易的规模、商品结构、地区结构以及特点进行阐述。运用单元调查评估法核算中国农业面源污染排放量，并将其作为非合意产出纳入分析框架，采用非径向、非角度的 SBM 模型和SBM－ML 指数测算中国省际农业绿色技术效率和绿色全要素生产率，从时间和区域维度对其进行深入分析。第三，实证研究农产品国际贸易对农业面源污染和农业全要素生产率的影响。借鉴 IPAT 模型，分别从规模效应、技术效应和结构效应角度探析农产品国际贸易与农业面源污染的关系。借鉴 Coe 和 Helpman 的技术溢出模型探讨农产品国际贸易与农业全要素生产率的关系。区分农产品进口和出口对农业面源污染和农业全要素生产率的影响。第四，实证研究农产品国际贸易对农业绿色全要素生产率的影响。基于 30 个省份的省级面板数据，运用双向固定效应模型、系统广义矩模型等方法对农产品国际贸易的绿色全要素生产率效应进行估计。基于吸收能力的视角，结合面板门槛模型探讨农产品国际贸易对农业绿色全要素生产率影响的非线性效应。第五，基于东、中、西部三个区域数据以及典型农产品的进出口数据就农产品国际贸易对农业绿色全要素生产率的影响进行异质性分析。

本书的研究结论主要包括以下方面：首先，农产品国际贸易显著促进了农业绿色全要素生产率的提升。从全国数据分析结果可知，农产品国际贸易规模的扩大提高了农业绿色全要素生产率，农产品出口和农产品进口对农业绿色全要素生产率均有显著的正向影响。其次，考察农产品国际贸易对农业绿色全要素生产率影响的非线性效应，发现存在基于农业经济发展水平、农业人力资本水平和农村基础设施建设水平的双重门槛效应。随着农业经济发展水平和农村基础设施建设水平的提高，农产品国际贸易对农业绿色全要素生产率的正向影响梯次增强；随着农业人力资本水平的提高，农产品国际贸易对农业绿色全要素生产率的影响由不显著到显著为正。最后，农产品国际贸易的绿色全要素生产率效应具有区域和产品异质性。通过分析比较东、中、西部三个区域农产品进出口的绿色全要素生产率效应可知，农产品出口和进口促进了东、西部地区的农业绿色全要素生产率增长，但是对中部地区的影响不显著。此外，本书选取有代表性的农产品分析其绿色技术溢出效应，发现畜产品出口抑制了东部地区农业绿色全要素生产率的增长，蔬菜出口、水果及坚果出口和食用油籽进口促进了东部地区农业绿色全要素生产率的增长；蔬菜出口和畜产品进口抑制了中部地区农业绿色全要素生产率的增长，食用油籽进口和蔬菜进口促进了中部地区农业绿色全要素生产率的增长；畜产品的出口和进口不利于西部地区农业绿色全要素生产率的增长，但水果及坚果出口促进了西部地区农业绿色全要素生产率的增长。

基于以上结论，本书提出如下建议：推动农业绿色技术进步，提升农业绿色技术效率；优化农产品国际贸易结构，规避环境污染；畅通技术溢出渠道，利用农产品国际贸易促进技术吸纳；树立绿色发展理念，加强统筹规划；认清区域差异，实施差异化的贸易和引资战略。

本书的主要创新点在于：①建立了农产品国际贸易—农业环境污染—农业技术进步—农业全要素生产率增长的分析框架，从环境约束的视角探索了农产品国际贸易和农业全要素生产率增长的关系，是对现有研究视角的补充；②将农业面源污染排放量作为非期望产出纳入传统的生产率分析框架，综合多种农业生产要素投入，采用克服了径向缺陷的 SBM 模型和 SBM – ML 指数对农业生产率进行了更加客观和准确的评价；③引入了吸收能力的分析理论，结合多重异质性门槛变量分析农产品国际贸易对农业绿色全要素生产率影响的非线性效应，具有一定的创新性。

目　录

第一章
绪论

第一节　研究背景与研究意义

一、研究背景

贸易对生产率产生怎样的影响，一直是国际经济学的研究热点。现有的文献也大部分认可贸易通过要素和资源重新配置、水平和垂直溢出效应、知识积累和技术改进效应等渠道影响全要素生产率（Total Factor Productivity，TFP）的增长。然而不可忽视的是，贸易在拉动生产率增长的同时，也带来相应的环境问题。Grossman 和 Kruger（1991）提出，贸易的环境效应可以视作规模效应、结构效应和技术效应的综合净效应。在生产率分析框架中纳入能源消耗、环境污染等投入产出变量，将对贸易的 TFP 效应研究转向对贸易的绿色 TFP 效应研究，是近年研究的新趋势。尽管现有研究已对贸易自由化的生产率效应展开一定讨论，但鲜有文献关注农产品国际贸易对农业绿色 TFP 的影响。事实上，贸易的绿色生产率效应不仅是学界关注的问题，也是政府制定相关政策的主要依据。

改革开放以来，中国在特有的制度沃土下创造了一系列的增长奇迹。

然而，随着经济发展的内外部环境发生变化，经济发展步入新常态阶段，并呈现出以下新特征：第一，经济增速放缓，由结构性加速时代进入结构性减速时代。第二，经济结构调整。产业结构方面，第三产业对 GDP 的贡献超过了第二产业和第一产业；区域结构方面，逐步打破过去各自为政的局面，注重贯穿东部一线的东北老工业振兴基地、21 世纪海上丝绸之路以及横贯东西部地区的丝绸之路经济带的协同发展。第三，强调经济增长由要素投入转向创新驱动。40 余年来的经济增长主要依赖要素投入驱动，而过度的投入带来高能耗、高污染和低产出等问题，这导致了长期以来的增长属于低质量粗放型的增长。因此，未来的经济增长应减少盲目的要素投入，更多地依靠研发投入、人力资本积累、制度创新、技术进步与 TFP 的提升（郑强，2017）。2019 年中美贸易摩擦以及 2020 年蔓延全球的新冠肺炎疫情导致内外部环境发生了重大变化，使政府决策面对新格局和新挑战。

中国改革开放 40 余年来，取得了举世瞩目的成就。进入 21 世纪，特别是加入世界贸易组织（World Trade Organization，WTO）以来，在国内农业资源环境制约不断增强的大背景下，中国农产品国际贸易额不断增长，贸易结构也根据比较优势不断调整。2019 年，中国农产品进出口总额达2300.7 亿美元，同比增长 5.7%。其中，出口额 791.0 亿美元，同比下降1.7%，进口额 1509.7 亿美元，同比增长 10.0%。虽然较之过去更为充分地利用了国内国际两个农产品市场，但中国的农业环境压力并没有得到缓解。在经济增长的同时，过量地使用农药、化肥、农膜等化学品导致了较为严重的土壤污染、地力下降和水资源污染，生产和生活污染日趋严重。2016 年，化肥、农膜、农药投入量分别达 5984.10 万吨、260.30 万吨、174万吨，分别比 2000 年多投入了 37.90%、70.02%、32.72%。生态环境部土壤状况调查结果表明，中重污染耕地已达 3300 千公顷以上。

随着经济全球化趋势的不断加快，农业的绿色转型不可能脱离以国际贸易为主要载体的全球价值链分工体系。农产品贸易不仅仅在经济增长中扮演重要角色，在缓解农业环境和农业资源压力中也发挥了举足轻重的作用。2019 年中央一号文件提出，应统筹用好国内国际两个市场、两种资源，提高农业对外合作水平，同时也再度强调"推动农业绿色发展，加大农业污染治理力度"。中国从加入 WTO 到经济进入新常态这个特殊时段内，农产品国际贸易是否对农业绿色 TFP 产生了影响？如有影响，影响的方向和规律如何？以上影响是否存在区域和产品异质性？这都值得深入探讨。鉴于此，本书采用省级层面的数据，综合运用固定效应（Fixed Effect，FE）模型、广义矩估计（Generalized Method of Moments，GMM）模型以及门槛回归模型等，试图揭示农产品国际贸易对农业绿色 TFP 影响的效应及其约束机制，以期为科学合理地制定贸易政策、推动绿色农业发展提供理论依据。

二、研究意义

理论方面，丰富了环境约束视角下农产品国际贸易的 TFP 效应的相关理论。贸易对 TFP 影响的相关研究多见于制造业或者全行业研究，但鲜见于农业。随着农业对外开放的力度不断加大，农产品国际贸易在推动农业技术进步和农业经济增长方面发挥着不可忽视的作用。但是，由于农业生产污染的分散性、模糊性和潜伏性，农产品国际贸易对环境的影响也是复杂的。探索农产品国际贸易在影响技术进步和环境污染方面的综合效应具有理论创新价值。本书试图将农产品国际贸易、农业环境污染以及农业 TFP 增长置于同一分析框架中展开研究，有助于拓展和丰富农产品国际贸易理论、绿色 TFP 理论和农业经济增长理论。

现实方面，中国目前是农产品国际贸易大国，农产品国际贸易是加剧了还是减轻了环境污染？农产品国际贸易是否产生了正向的技术溢出效应？农产品国际贸易对农业绿色 TFP 有何影响？这样的影响是否存在区域异质性？如何针对不同地区调整农产品生产和贸易结构？如何推动东、中、西部地区的平衡发展，实现农业技术进步与生态建设的协调统一？本书试图通过回答以上问题达到以下目的：一是为政府部门有针对性地制定相关政策法规，减轻环境压力，实现资源在各区域公平、合理、有效的配置和发挥其最大作用提供依据；二是为政府部门畅通技术溢出渠道，提升农产品国际贸易的溢出效应提供参考。总体而言，本书研究对政府部门在经济新常态背景下制定科学合理的贸易开放政策，推动农业的技术进步和绿色转型有参考和借鉴意义。

第二节　研究内容

本书分以下九部分展开研究。

第一部分：探讨中国农产品国际贸易的现状、农业经济增长的变化趋势以及新时期绿色农业发展形势和迫切要求，说明本书的研究背景和研究意义。

第二部分：梳理农业 TFP 理论与农业绿色 TFP 理论，贸易对环境的影响、贸易对 TFP 的影响、贸易对绿色 TFP 的影响的相关文献，厘清现有的研究脉络。

第三部分：阐述农产品国际贸易对农业绿色 TFP 的影响机理。在贸易与环境的相关理论、贸易与 TFP 的相关理论与绿色 TFP 理论的基础上，分析农产品国际贸易对农业绿色 TFP 的影响机理，为实证研究提供理论基础。

第四部分：介绍农产品国际贸易的现状。从贸易规模、贸易商品结构、区域分布特征、贸易特点等角度，对农产品国际贸易的概况进行整体性介绍和统计特征描述。

第五部分：测算和分解农业绿色 TFP。首先，借鉴赖斯芸等（2004）和陈敏鹏等（2006）的思路，运用单元调查评估法核算农业污染物排放量，并对农业面源污染的变化趋势、污染源差异以及区域差异进行分析总结。其次，运用 DEA – Malmquist 指数法测算农业 TFP 并将其分解为技术效率与技术进步率。最后，以农业面源污染为非期望产出，综合各投入产出变量，运用方向性距离函数 SBM 和 Malmquist – Luenberger（以下简称为 ML）指数法测算农业绿色 TFP 并将其分解为绿色技术效率和绿色技术进步率。区分东、中、西部地区对农业 TFP 和农业绿色 TFP 进行比较。

第六部分：实证研究农产品国际贸易对农业面源污染和农业 TFP 的影响。借鉴 IPAT 模型，分别从规模效应、技术效应和结构效应探析农产品国际贸易与农业面源污染的关系。借鉴 Coe 和 Helpman（1995）的技术溢出模型探讨农产品国际贸易与农业 TFP 的关系。

第七部分：实证研究农产品国际贸易对农业绿色 TFP 的影响。基于静态与动态面板数据，对农产品国际贸易与农业绿色 TFP 的关系展开研究。在此基础上，基于吸收能力的视角，利用门槛模型研究农产品国际贸易对农业绿色 TFP 的非线性效应。

第八部分：实证研究农产品国际贸易对农业绿色 TFP 影响的异质性。基于东、中、西部三大地区数据对农产品国际贸易的绿色 TFP 效应进行解析和比较，分别探讨不同农产品进出口对东、中、西部农业绿色 TFP 影响的差异。

第九部分：归纳了本书的主要研究结论，并在此基础上提出了相应的政策建议和研究展望。

第三节　研究目标

第一，根据 TFP 理论和环境经济学的相关理论，建立农产品国际贸易对农业绿色 TFP 作用机理的分析框架。

第二，对农产品国际贸易和农业污染现状进行客观评价。从农产品国际贸易的规模、商品结构和国内区域结构等方面阐述农产品国际贸易的现状，并且归纳了农产品国际贸易的特点。借鉴赖斯芸等（2004）和陈敏鹏等（2006）的思路，运用单元调查评估法核算农业面源污染物排放量以作为绿色生产率核算的基础。

第三，利用全国 30 个省份 2002～2016 年的面板数据测算和分解全国农业 TFP 和绿色 TFP，并分东、中、西部地区对其进行比较分析。

第四，利用各省农产品国际贸易数据和农业绿色 TFP 的测算结果，采用经济计量方法，实证研究农产品国际贸易规模和结构对农业绿色 TFP 的影响。

第五，根据理论分析和实证估计结果，讨论通过农产品国际贸易带动技术进步和减少环境污染的各种可能的公共政策及其优先性。

第四节　研究方法

本书运用规范研究和实证研究相结合、统计描述与比较分析相结合的方法，以 EPS 数据平台、各省份统计年鉴、《中国农业统计年鉴》、《中国农产品进出口月度统计报告》、《中国农产品贸易发展报告》等数据资料为基础，拓展 IPAT 模型以及 Coe 和 Helpman 的技术溢出模型，综合多元回归方法进行计量分析，辅之以必要的理论推导法进行综合性的研究。

首先，采用文献研究法大量检索和梳理国内外有关"贸易的环境效应"与"贸易的 TFP 效应"的相关文献，借鉴已有成果，找到本书的切入点，形成总体研究框架。

其次，采用赖斯芸等（2004）的单元调查评估法核算农业面源污染物排放量，并将核算结果作为非期望产出，综合其他多种投入要素进入 SBM 模型测算农业生产率。利用 SBM 方向性距离函数对农业的绿色技术效率水平进行评价，采用 ML 指数测算农业绿色 TFP 水平并对其进行分解。

最后，对经典模型进行拓展，利用 FE 模型、随机效应（Random Effect，RE）模型、系统 GMM 模型、面板门槛模型等对农产品国际贸易的绿色 TFP 效应进行估计。在区域层面和产品层面对农产品国际贸易的绿色技术溢出效应进行比较分析。

第五节　技术路线

本书按照"提出问题—理论分析—现状分析—实证检验—结论及建议"的逻辑顺序进行研究。相关研究思路和研究方法如图 1－1 所示。

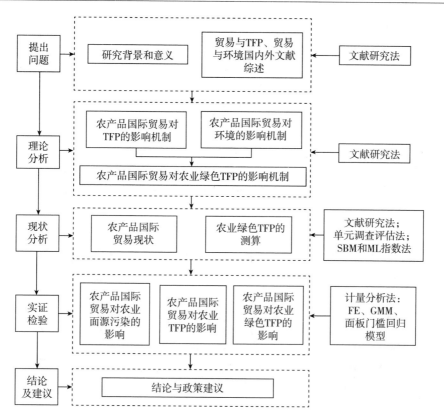

图 1-1 技术路线图

第六节 本书的创新及待改进之处

一、创新之处

第一，目前对贸易的 TFP 效应的有关研究，学者将研发投入、人力资本、集聚效应、制度变迁等引入分析框架中，但是鲜有研究将环境污染与贸易的 TFP 增长效应相联系并进行分析。本书从环境约束的视角探索农产品国际贸易和农业 TFP 增长的关系，是对现有研究的补充。

第二，已有研究采用数据包络分析（Data Envelopment Analysis，DEA）或随机前沿分析（Stochastic Frontier Analysis，SFA）方法对农业生产率进行测算时，一般以资本、劳动力、役畜、机械动力和土地等生产要素作为投入变量，但忽视了农药、化肥、农膜的投入，更是未能将环境污染进行客观量化测算作为产出变量。本书以赖斯芸等（2004）的单元调查评估法测算农业面源污染排放量，并将农业面源污染排放量作为非期望产出纳入传统的生产率分析框架，综合多种农业生产要素投入，采用克服了径向缺陷的 SBM 模型对中国农业绿色 TFP 进行测算，这使得本书对农业生产率的评价更加客观和准确。

第三，现有研究在探讨贸易的溢出效应时，大多仅仅关注其线性效应，对于可能存在的门槛分析也较为单一。本书在对农产品国际贸易的绿色 TFP 效应进行分析时，引入了吸收能力的分析理论，将技术溢出、吸收能力与农业绿色 TFP 增长置于同一分析框架中，并结合多重异质性门槛分析农产品国际贸易对绿色 TFP 影响的非线性效应。本书构建的理论分析框架较为完整地刻画了影响贸易的绿色技术溢出的主要因素，更好地诠释了技术进步的渠道与规律。

二、待改进之处

受限于研究条件、研究水平、研究时间和数据可获得性等因素，本书存在以下不足之处：

第一，实证部分受可得数据的限制。首先，农业面源污染排放量测算所需的各产污单元的产污和排污系数主要来源于《第一次全国污染源普查公报》中的统计数据。相关系数没有持续更新且缺乏分省份数据。本书使用不同文献中获得的数据进行替代，权威性受影响。其次，农业环境污染除农业面源污染外，农业生产中多种投入要素交叉还会带来碳排放污染，且农业面源污染排放物除氮（N）、磷（P）、化学需氧量之外，还有铜（Cu）、锌（Zn）等，本书因为数据受限未涉及。最后，各省份农业外商直接投资额与农业研发投入量由于统计方法和统计口径的差别，并未得到统一的核算结果。本书综合前人研究,对各省份农业外商直接投资额与农业研发投入量进行了估算,但数据准确性可能受到影响。

　　第二,模型有待进一步改良。首先,农产品贸易的技术溢出效应较之于工业更为隐蔽,在短期内不易察觉,且可能不局限于本地区,在一定的因素和条件下也会对邻近地区产生二次溢出。农产品贸易对于邻近地区的技术溢出效应可能需要借助空间计量的相关模型考察其空间分布、空间结构以及空间关联。其次,本书采用SBM-ML指数法测算农业绿色TFP,但SBM-ML指数法在测度跨期方向性距离函数时,可能面临潜在的线性规划无解,ML指数不具有循环性或传导性等问题。最后,在控制变量的选取中,可能还遗漏了一部分实际存在但并未在书中展开讨论的影响因素。以上问题有待在今后的研究中不断完善和探索。

第■章
文献综述

本章分别对农业 TFP 与农业绿色 TFP、贸易对环境的影响、贸易对 TFP 的影响以及贸易对绿色 TFP 的影响的有关文献进行梳理，在此基础上对现有研究进行评述。

第一节　农业 TFP 与农业绿色 TFP

目前，农业要实现从传统农业向现代农业的转型、从粗放式经营方式向集约式经营方式的转变，要依靠要素投入效率的提高、生产要素组合方式的优化、技术进步、组织和制度创新，这意味着农业的增长要依赖 TFP 的增长。TFP 系指在各种要素投入水平既定的条件下达到的额外生产效率。这一劳动生产率的提高，可以抵消资本报酬递减的不利影响，实为经济增长经久不衰的引擎。

对农业 TFP 的测度，从方法来看，当前研究多采用 SFA 和 DEA 方法。从结果来看，几乎全部研究表明中国农业 TFP 呈增长趋势，增长率多在 2% ~6%。从 TFP 分解结果分析来看，技术进步多推动 TFP 增长而技术效率变化则多阻碍 TFP 增长；分地区来看，几乎全部研究表明东部地区农业 TFP 增长最快，而关于中部与西部地区农业 TFP 增速的比较目前没有得出较为一致的结论（江激宇等，2005；李静、孟令杰，2006；李谷成，2009；全炯振，2009；曾先锋、李国平，2008；李录堂、薛继亮，2008；王珏等，2010；王炯、邓宗兵，2012；高帆，2015；郝国胜、张微微，2016）。在农业 TFP 的影响因素研究方面，目前的文献大多从农业财政支持（高帆，2015；郝国胜、张微微，2016）、农村基础设施建设（李谷成等，2015）、农村金融（李谷成等，2015；尹雷、沈毅，2014）、对外开放（丁玉梅等，2017；闵继胜，2012）等视角对农业 TFP 的影响因素展开研究，认为农业财政支持、农村基础设施建设、农村金融以及对外开放均对农业 TFP 有着正向影响。

上述研究对深入理解农业发展与资源约束关系具有重要意义，但它们几乎都没有涉及环境因素。已有关于农业发展与环境污染的研究，主要沿着另一条主线——环境库兹涅茨曲线（Environmental Kuznets Curves，EKC）假说在发展。早期 Antle 和 Heidebrink（1995）、Mc Connell（1997）等研究就从理论层面分析了经济增长与农业污染之间的关系，认为农业面源污染作为一种环境污染源，与经济发展之间可能也符合 EKC 关系。此后，众多学者利用不同的数据和方法展开实证研究，并得出不同结论。吴其勉、林卿（2013），孙大元等（2016）利用省份时序数据或省份面板数据，对农业面源污染与以人均农业产值、农村居民人均纯收入表征的经济发展水平进行农业 EKC 关系的检验，均发现两者呈倒"U"形的关系。杜江和罗珺（2013）、曹大宇和李谷成（2011）研究发现，化肥施用量与农业经济增长之间不存在倒"U"形关系。EKC 检验存在以下问题：一方面，它难以将资源约束纳入分析框架；另一方面，农药、化肥、农膜不仅是污染物，也是农业投入，这种关系将导致 EKC 检验存在内生问题。

事实上，农业生产在获得粮食等经济产出的同时，也带来了过量使用化肥、农药等要素造成的环境污染问题。不包含环境污染的 TFP 测算将使得评估结果存在偏差。在农业 TFP 和 EKC 相关研究的基础上，学者对农业 TFP 的研究将逐渐转向农业绿色 TFP 的研究。农业绿色 TFP 是考虑资源和环境约束下的农业 TFP。Ball 等（2001）、Rezek 和 Perrin（2004）在环境约束的视角下测算美国农业 TFP，发现虑及环境污染因素后的 TFP 指数低于未考虑环境污染因素的 TFP 指数。国内对农业绿色 TFP 的研究较少。早期研究中，薛建良、李秉龙（2011）运用增长核算法将化学需氧量（Chemical

Oxygen Demand，COD）、总氮（Total Nitrogen，TN）、总磷（Total Phosphorous，TP）流失量作为非期望产出纳入中国农业 TFP 测算，发现 1990 ~ 2008 年中国农业绿色 TFP 年均增长率较传统 TFP 低 0.09 ~ 0.6 个百分点。王奇等（2012）基于 SFA 方法，将农业生产中的 N、P 流失作为要素投入测算了中国农业 1992 ~ 2010 年的绿色 TFP 变化指数，发现研究期内绿色 TFP 的年均增长率和 TFP 的年均增长率基本相同。李谷成（2014）、潘丹和应瑞瑶（2012）、梁俊和龙少波（2015）、叶初升和惠利（2016）均使用单元调查评估法估计了中国农业面源污染中 N、P 和 COD 的排放量，结合方向性距离函数 DDF 和 ML 指数分析了中国农业绿色 TFP 的增长，结论较为一致，都认为农业绿色 TFP 总体低于农业 TFP，且东部区域绿色 TFP 高于中西部区域（李谷成，2014；潘丹、应瑞瑶，2012；梁俊、龙少波，2015；叶初升、惠利，2016）。在农业绿色 TFP 的影响因素方面，已有文献从农业财政支持（梁俊、龙少波，2015；叶初升、惠利，2016）、人力资本（叶初升、惠利，2016；张淑辉，2017）、制度变迁（李谷成，2014）、农业技术投入（冉启英、周辉，2017；沈能、张斌，2015）、农业对外开放（梁俊、龙少波，2015；郝晓燕等，2017）等视角对农业绿色 TFP 的影响因素展开研究，认为农业财政支持、人力资本、制度变迁和农业技术投入对农业绿色 TFP 有着正向影响，对于农业对外开放是否促进农业绿色 TFP 增长尚存有争议。

第二节　农产品国际贸易对环境的影响

根据 Grossman 和 Kruger（1991）针对贸易和环境关系的开创性研究，贸易通过规模、技术和结构三种效应对环境产生影响。有关农产品国际贸易的环境效应的文献主要得出以下三种不同的结论：

第一，农产品国际贸易的环境效应是积极的。张凌云等（2005）基于 EKC 模型运用时间序列数据研究中国种植业产品对外贸易环境效应，发现进口缓解了中国人均化肥、农药使用量。马进（2016）借鉴 Cole 和 Elliot 的贸易环境模型进行实证研究发现，贸易开放对农业环境改善有积极意义。

第二，农产品国际贸易的环境效应是消极的。黄季焜等（2005）运用改进后的农业政策分析模型研究农业贸易的环境效应，发现贸易自由化会通过农作物产出结构的变化引致化肥和农药施用量的增加。刘子飞（2014）基于 ACT 贸易环境效应模型，运用省级面板数据进行实证研究，发现农产品贸易自由化条件下中国农业污染进一步加剧。丁玉梅等（2017）利用 MRIO 模型对中国农产品对外贸易隐含碳排放量进行测算，发现中国农产品进口、出口隐含碳排放量都处于增长趋势，且出口碳排放量增速快于进口碳排放量。

第三，农产品国际贸易的环境效应具有不确定性。陆文聪、郭小钗（2002）认为，加入 WTO 诱发的国内农业生产结构变化对环境的影响，既包括扩大国内农业环境容量、减少化肥农药的使用、保护林业资源、引进清洁技术等有利方面，也包括加剧畜牧业污染、废气排放和资源掠夺等不利方面。匡远配、谢杰（2011）对中国农产品对外贸易的资源效应和环境效应进行了实证分析，发现中国农产品出口引致越发严重的资源耗用和环境污染转移，而进口可以减轻粮食主产区的资源短缺压力和减少污染。闵继胜（2012）研究发现，农产品出口的提升会增加国内农业生产的 CO_2 排放量，而进口的提升则会减少国内农业生产的 CO_2 排放量，农产品外贸依存度对农业生产 CH_4 和 N_2O 排放量的影响并不明显。

第三节 国际贸易对 TFP 的影响

对于国际贸易与 TFP 关系的影响，国内外学者已经做了大量的研究，主要得出以下三种结论。

第一，国际贸易对 TFP 产生正向影响。Pack 和 Page（1994）、Evenson 和 Westphal（1995）等的研究认为，出口会促使企业在国际市场上学习国外更为先进的技术和管理方法，在国际市场上接触技术含量更高的产品和更优质的服务，也会在与进口商打交道的过程中了解其新颖的想法或对产品及服务的要求，推动出口企业革新技术和改良服务，从而提高 TFP。张化尧

（2012）在分析多种外溢机制的基础上进行实证研究，发现进口贸易依存度上升促进了创新效率的提高。汤毅、尹翔硕（2014）认为最终品进口关税减免的"正向效应"和中间投入品关税减免的"负向效应"共同作用能够显著提升企业 TFP。

第二，国际贸易对 TFP 产生负向影响。康志勇（2009）研究表明，出口显著地抑制了中国整体 TFP 的增长，但是存在时空差异。张少华、蒋伟杰（2015）研究表明，受加工贸易的本质特征以及实施的业务方式的影响，加工贸易对 TFP 增长产生了负面影响。

第三，国际贸易对 TFP 的影响不确定。简泽等（2014）考察了中国加入 WTO 后贸易自由化带来的进口竞争对本土企业 TFP 的影响，发现进口竞争阻碍了低效率企业 TFP 的增长，促进了高效率企业 TFP 的增长。吕大国、耿强（2015）认为，一般出口贸易和其他出口贸易显著促进了 TFP 的增长，而加工贸易阻碍了 TFP 的增长。

具体到农业领域，目前关于农产品国际贸易对农业 TFP 影响的研究还相对匮乏。陈华、刘舜佳（2013）基于空间杜宾模型探讨贸易对农业 TFP 的空间外溢效应，结果显示对外贸易的区域内溢出效应显著提升了农业技术进步率与农业 TFP，但抑制了规模效率。Hong 等（2010）运用两阶段迭代回归法分析贸易开放、国内投入与中国农业 TFP 增长结构的关系，发现贸易开放与农业基础设施建设有利于农业 TFP 增长结构的优化，但农业基础设施建设的影响强于贸易开放。刘舜佳、生延超（2015）基于拓展的 Coe－Helpman 模型探讨农产品国际贸易溢出效应的空间异质性，结果发现农产品贸易不仅对进口地产生了显著的知识溢出效应，还对其毗邻地区产生了显著的二次溢出效应，从而带动了 TFP 的增长。郝晓燕等（2017）认为，农产品进口和出口都提升了农业 TFP，但区域 GDP 水平的差异影响了农产品国际贸易的技术溢出效应。高奇正等（2018）基于新贸易理论，利用国家面板数据对农业贸易的技术溢出效应展开研究，结果发现农业贸易产生显著的正向溢出效应，但是受制于各国（地区）的资源禀赋条件和研发投入水平，且中间品的溢出效应要强于农产品和农业资本品的溢出效应。Gong（2018）利用半参数随机前沿模型估算 2004～2015 年中国省级农业生产率，发现加入 WTO 以后中国涉农财政支出和农产品出口对提高省级农业

TFP 均存在显著的正向影响。以上研究大都认可农产品国际贸易促进了农业 TFP 的增长的观点。

第四节　国际贸易对绿色 TFP 的影响

国际贸易对绿色经济增长的影响作为新兴研究领域，相关研究成果相对较少，与之有关的主要观点有以下方面：第一，部分学者指出国际贸易有利于绿色经济增长。Kumar（2006）基于国家面板数据展开研究，发现对外贸易显著促进了绿色 TFP 的增长。杨世迪、韩先锋（2016）利用门槛回归技术对中国 2003~2012 年的省际面板数据进行考察，发现贸易开放对绿色 TFP 的增长具有显著的积极影响，但这种影响由于存在外商直接投资和人力资本水平门槛而呈现非线性特征和空间异质性。潘丹（2012）运用方向性距离函数 SBM 和 ML 指数测度了考虑水资源和农业面源污染因素后的中国 31 个省份的农业绿色技术效率和农业绿色 TFP，发现贸易开放程度的提高能够有效地提升中国的农业绿色 TFP 水平。第二，还有学者认为贸易自由化抑制了绿色经济增长。张兵兵、朱晶（2015）基于 37 个工业行业的视角测算各行业的能源效率，并综合多种因素使用静态和动态面板数据模型展开研究，发现出口增加会降低各行业的能源效率。孙瑾等（2014）基于省级面板数据探讨对外开放、产业结构和绿色经济增长的关系，结果表明对外贸易不利于绿色 GDP 的增长，其中，贸易对中部地区的负面影响最显著。第三，部分学者认为国际贸易的绿色 TFP 效应具有不确定性。彭星、李斌（2015）采用全局 ML 指数对贸易开放、外商直接投资与工业绿色 TFP 的关系进行实证研究，发现出口贸易的低水平扩张抑制了工业绿色转型，但进口贸易有利于工业绿色转型。景维民、张璐（2014）基于不同角度对贸易自由化的绿色经济增长问题进行了探讨，发现进口在国内研发的配合下对绿色技术进步具有推进作用，出口则造成了负面影响。齐绍洲、徐佳（2018）利用"一带一路"沿线国家的数据，基于面板门槛模型考察进出口贸易对绿色 TFP 的影响，发现进口贸易的绿色溢出效应在跨越经济发展的门槛后由负转正，在跨越基础设施、金融发展和制度质量门槛后，其正向效应不断增强，而出口贸易则抑制了绿色 TFP 的增长。张少华、蒋伟杰（2014）实证研究加工贸易对环境 TFP 的影响，结果显示中国 30 个省份的加工贸易与环境 TFP 之间存在显著的倒"U"形关系：当加工贸易占货物贸易比重未达拐点时，可以改善环境 TFP；当加工贸易占货物比重超过拐点时，则对环境 TFP 产生负向影响。由上可知，目前对国际贸易的绿色 TFP 效应的研究大多关注工业或全行业，缺乏对农业领域的探索。

第五节　文献评述

综上所述，国内外对贸易的环境效应、贸易与 TFP 或绿色 TFP 的关系已进行了理论和实证方面的探索，为政府制定全国以及分区域的可持续发展策略提供了一定的参考依据，但是应该承认，现有研究仍存在一些不足和有待加强的方面。

首先，对农业环境污染的测算有待创新。现有对农业环境污染的测算多以化肥的施用量、农药和农膜的使用量进行衡量，而实际上该类物质属于农业投入，应通过科学的方法测算农业生产和消费中所产生的 N、P、COD 等污染物，以便更为客观地评价农业环境污染状况。即便是目前较为流行的单元调查评估法也存在产污排污系数不能及时更新等问题，未来需要在该领域结合其他学科以实现对农业环境污染更为客观准确的评估。

其次，对农产品国际贸易、农业技术进步和农业环境污染三者关系的研究框架有待完善。国际经济学领域中对于贸易的 TFP 效应的文献已有了一定的积累，但由于农产品生产与贸易的特殊性，现有的相关研究大多关注全行业或者制造业，鲜有学者关注农产品国际贸易的溢出效应。同样地，虽然贸易与环境问题的理论研究体系较为成熟，但是针对农产品国际贸易与农业环境污染关系的研究十分有限。农产品国际贸易对农业绿色 TFP 的作用机制较为复杂，同时受制于农产品贸易的技术溢出效应和环境效应，亟待建立一个有农业特色的贸易—环境—技术创新—生产率提升的理论分析框架，从而分析现实问题并制定有针对性的国际贸易政策和国内产业政策。

再次，研究方法的选择与应用值得进一步深入。目前DEA方法被广泛应用于TFP与绿色TFP测算中，但非参数模型方法在选择投入产出变量时存在理论依据不足、随意性较大等问题，导致各研究测算出的结果存在较大差异。今后应进一步深入探讨适用的模型。

最后，研究角度上应有所拓展。一方面，在分析农产品贸易与农业环境污染的关系时大多是从区域层面的视角，忽视了不同农产品进出口的环境效应的差异，将来可以在具体产品的环境效应上展开深入研究。另一方面，农产品贸易的溢出效应可能存在空间关联性，可加强空间计量模型以考察溢出效应的空间分布和空间结构。同时，贸易能否产生溢出效应与接收端的吸收能力有关，目前结合吸收能力探讨贸易的绿色溢出效应的文献也极少，有待进一步拓展。

第三章

农产品国际贸易对农业绿色
TFP 的影响机理

本章回顾国际贸易与 TFP 的相关理论、国际贸易与环境污染的相关理论以及绿色 TFP 理论，进而构建农产品国际贸易对农业绿色 TFP 的影响的分析框架并诠释其影响机理。

第一节　理论基础

一、国际贸易与 TFP 的相关理论

国际贸易驱动 TFP 增长的研究主要是基于以下三种理论：内生增长理论、知识溢出理论和新贸易理论。新古典增长模型中经济增长不能由资本和劳动力投入所解释的索洛剩余引致了学者们对技术与经济增长之间机理的探究，此后的研究视角经历了从外生走向内生、从研发走向知识溢出、从内生增长理论走向新贸易理论的过程。以下就内生增长理论、知识溢出理论和新贸易理论进行阐述。

1. 内生增长理论

内生增长理论强调技术溢出、人力资本、研发、"干中学"等经济增长

的内部力量，该理论正是贸易推动 TFP 增长的理论基础。代表性经济学家 Romer（1990）的研究，在新古典经济增长理论与经济发展理论之间实现了 "技术" 上的融合。本节对其理论进行简单梳理。

Romer（1990）的模型设定了一些假设，经济体中主要包括研究部门、中间产品部门、最终产品部门三部门，生产过程中有劳动、人力资本、物质资本和技术四要素，只有一种最终产品。技术具有非排他性和非竞争性，人力资本总量保持不变。整个经济体系的运行机制如下：研发部门使用投入的人力资本和已有的知识存量生产新知识，将新研发出的中间产品方案出售给下游的中间产品生产商，中间产品生产者使用购买的新知识和中间产品方案，将新生产出的中间产品出售给下游的最终产品生产商。Romer（1990）的生产函数模型如式（3-1）所示。

$$Y = H^\alpha \cdot L^\beta \int_0^A X(i)^{1-\alpha-\beta} di \qquad (3-1)$$

其中，Y 为产出；H 为人力资本；L 为物质资本；$X(i)$ 为中间产品 d 的使用量；A 为国内中间产品种类的数量，表示现有知识存量；α、β 为小于 1 且大于 0 的弹性系数。该生产函数描绘出中间产品数量的增加对最终产量的决定作用。以中间产品的生产和交换为形式的国际分工日益完善，随着中间产品种类的增加和知识存量的扩大，产出的增加推动经济的增长和技术的溢出。Romer 在其模型中也曾经指出，技术溢出将使全体厂商共享知识所带来的增长，而且随着经济范围的扩大，技术溢出的效果将越发明显。Romer 理论强调知识的外部性引起规模收益递增。第一，对于研发部门和中间部门而言，新知识的外部性造成最终产品生产的规模收益递增。第二，人力资本的增加导致知识和资本壁垒增加，以及研发部门人力资本比率的增加。第三，知识的外部性和新知识的垄断定价使新知识生产者获取了知识的社会净收益，而研发部门人力资本不能得到充分补偿。第四，政府可对知识创新提高补贴进而促使经济增长率提高。该模型存在的主要不足之处包括假定产品市场是完全竞争的，并且将人力资本看作是外生的，这在一定程度上影响了模型的解释力。

内生增长理论注重各国内部的研发问题，但是忽略了国际贸易对技术进步的影响。国际贸易传播发达国家的新思想、新技术、新观念，完善国内的研发资源配置，刺激国内各部门生产效率的提高，对技术进步起着举足轻重的作用。技术进步是新增长理论和新贸易理论的联结桥梁，是动态贸易理论研究的重要切入点。Grossman 和 Helpman（1997）将贸易、技术内生化和经济增长理论有机地结合，将内生增长理论运用于国际贸易领域中，阐述了贸易对技术的推动机理，为新贸易理论的拓展做出开拓性的贡献。他们提出，在自由贸易的条件下，技术相对落后的国家通过进口获得发达国家高质量的中间投入品，并将其投入生产提高最终产品的质量和技术水平，中间品的进口由此引致技术溢出。从 Romer（1990）与 Grossman 和 Helpman（1997）的研究中可知，其都认可消费品种类增加的外部性产生了技术溢出并推动经济增长，Romer（1990）的研究强调中间产品种类增加推动技术进步，而 Grossman 和 Helpman（1997）则强调贸易增加了中间品的种类。当技术溢出仅限于国内范围，知识积累较多和经济规模较大的国家会有比较优势，如果经济规模大但是技术处于弱势，可以通过改变人力资本存量和生产模式加快技术溢出。如果技术溢出在全球范围内产生，则各国的经济增长和技术进步将很大程度上取决于贸易模式。

2. 知识溢出理论

Marshall（1920）在研究产业集聚与知识溢出关系时最早提出知识溢出理论，后经过诸多学者不断丰富和完善。知识溢出理论提出显性知识和隐性知识的概念，显性知识可不受地理边界的限制溢出，且可直接影响本地企业的生产效率，但隐性知识的传递吸收与特定的环境和传递方式有关。如果本地企业的吸收能力不足或溢出渠道不畅，则溢出难以实现。此外，知识溢出因受到诸多不确定性因素的影响而具有动态性，如地理距离、知识特征以及接收方吸收能力和意愿的差异都影响知识溢出的效果。知识溢出理论主要研究知识在行业内与行业间溢出的机理和渠道，但其对贸易的技术溢出效应研究具有重要的借鉴意义。

3. 新贸易理论

传统贸易理论基于规模收益不变的前提假设展开一系列研究。但是现实中许多大规模的厂商凭借规模优势降低生产成本、获取原料折扣、提高分工效率等，从而实现了规模报酬递增。大量的经济发展事实显示出规模报酬在当前国际贸易发展中的重要作用。基于此，新贸易理论将规模报酬递增引入研究框架并作为基本假设前提。引入规模报酬递增后发现，两个资源禀赋相同的国家也可以实现贸易互利。若各国以规模经济为目标展开规模化和专业化的生产，在规模报酬递增规律的作用下，贸易双方都可从中获利。缺乏规模报酬递增的国家或产业也可以通过贸易获得递增收益。引入规模报酬递增作为新贸易理论的重要前提，有助于学者更全面地理解国家之间的贸易动因，技术差距下贸易与经济增长的关系，弥补了传统贸易理论的不足。新贸易理论为贸易促进经济增长和技术溢出的研究提供了更为广阔的空间。规模报酬递增—贸易—技术进步—增长这一过程和相关机理，在新增长理论框架下得到了清晰的阐述。两国资源共享，在扩大两国资源总量的基础上会促进技术溢出。一方面，两国的技术资源共享将优化各自的贸易模式和经济增长方式；另一方面，在规模报酬递增的作用下，各国都会专注于特定的大规模生产以提高生产率。各国的比较优势将在规模报酬递增的基础上不断发展和强化，从而激活经济系统的活力并推动经济增长。

二、国际贸易与环境的相关理论

已有对国际贸易与环境问题的探讨大多基于以下三种理论：一是要素禀赋理论以及由此衍生而出的"污染天堂假说"；二是关注人均收入水平变化与污染排放关系的 EKC；三是贸易的环境效应分析。

1. 要素禀赋理论与"污染天堂假说"

Ohlin 和 Heckscher（1919）提出的要素禀赋模型以资本和劳动两种生产要素为基本假设，资本资源具有比较优势的国家生产并出口资本密集型产品，而劳动力具有比较优势的国家生产并出口劳动密集型产品。在要素禀赋理论的基础上，Walter 和 Ugelow（1979）提出"污染天堂假说"。该假说将环境要素引入要素禀赋结构中，设定环境资源较为丰富的国家在生产污染密集型产品方面更具有比较优势，而环境资源相对匮乏的国家在生产清洁型产品方面更具有优势。若拥有不同环境资源要素的国家之间存在自由贸易，环境资源较匮乏的国家环境规制较为严苛，导致污染密集型企业的生产成本提高，此类企业将选择向环境标准低的国家转移，而环境标准低的国家或地区由此形成了"污染天堂"或"污染避难所"。发展中国家相较于发达国家往往具有较低的环境标准，因而吸引了污染密集型产业在当地进行生产和投资并对环境造成威胁，从而形成了"污染天堂"。Copeland 和 Taylor（1994）建立了南北贸易模型探讨贸易与环境的关系并对以上假说提供了支持。他们建立了一个简单的南北贸易静态模型，以研究国民收入、污染和国际贸易之间的联系。模型中假定南北两个国家生产商品的污染密集度不同，收入较高的北方国家选择了更强的环境保护政策，污染税率较高，相对落后的南方国家污染税率较低。自由贸易的结果使北方国家向南方进口污染密集型产品，而南方国家向北方国家进口清洁型产品，结果污染由北方向南方转移，改善了北方环境但恶化了南方环境。以上模型假定污染是局部的，Copeland 和 Taylor（1994）在此后的研究中假定污染是全球性的，全球污染排放受到国家配额的限制。自由贸易以及环境要素禀赋促使南方的污染密集型产业和北方的清洁型产业规模扩大，污染许可证在南方价格下降而在北方价格上升，南方增加排污许可的发放而北方减少发放。若南北双方增加和收回的污染许可数量不能完全抵消，则自由贸易会导致全球环境的恶化。

2. 环境库兹涅茨曲线

Sims（1980）最早提出库兹涅茨曲线以探究经济发展水平与收入不平等的关系。库兹涅茨曲线呈现倒"U"形意味着在经济发展中，收入不平等先随着经济发展水平的提高而加剧，跨越拐点之后则随着经济的进一步增长而减轻，最终逐渐趋于平等。Grossman 和 Kruger（1994）在研究北美自由贸易区的环境问题时将库兹涅茨曲线引入，发现人均国民收入水平与空气质量之间存在倒"U"形关系，即经济发展初期，收入水平上升，污染加剧，经济发展到一定程度时，污染排放达到峰值，而后将出现下降趋势。Panayotou（2000）将环境污染与实际收入水平之间的这种对应关系称为 EKC。

EKC 提出后，大量研究采用理论和实证方法探讨其存在性以及拐点的具体数值。由于国际贸易的扩张和经济发展密切相关，部分学者也采用 EKC 研究贸易与环境的关系。Cole（2004）在引入贸易开放度、制造业产出所占比重和污染性产品进口的结构变化等因素后发现，环境质量的改善归因于高收入水平下环境规制的增强和对环保技术的投入。对于发展中国家而言，能否跨越库兹涅茨拐点的关键在于污染密集型产品的收入需求弹性能否降低。Halkos 和 Tzeremes（2011）通过时间序列数据研究中国的经济增长和碳排放的关系，发现两者存在显著的倒 "U" 形关系，且国际贸易是致使这种关系存在的关键因素。EKC 自身也存在一定的局限性。Panayotou（2000）认为，该理论忽视了市场和政策等因素对环境的影响，且未虑及收入水平在达到拐点之前可能造成的不可挽回的资源及环境破坏。Grossman 和 Kruger（1994）研究发现，工业废气的库兹涅茨曲线拐点在 5000 美元左右，但实际由于各国的资源禀赋条件和环境规制不同，拐点对应的收入水平差异较大。

3. 贸易的环境效应分析

将贸易对环境的影响划分为规模效应、结构效应和技术效应源于 Grossman 和 Kruger（1994）。在该分析框架中，规模效应指贸易开放带动了经济增长和国民收入水平的提高，但同时也驱动了更多资源投入生产并加剧了污染。一般认为贸易对环境的规模效应是负效应。结构效应指不同生产部门在自由贸易的环境中根据比较优势进行调整，在各自具有比较优势的部门进行专业生产。如果一国在生产清洁型产品方面具有比较优势，则贸易开放将有利于该国改善环境，贸易对环境的结构效应是正效应。反之，若一国在生产污染密集型产品方面具有比较优势，则贸易开放将加剧该国污染，即贸易对环境的结构效应是负效应。技术效应指贸易所引致的生产技术变化对环境产生的影响。对外开放为先进技术交流创造了更为宽松的环境，有利于发展中国家学习环境友好型技术。同时，在环境规制的作用下，生产者也会被迫寻求新技术以降低企业排污量和生产成本。因此，贸易对环境的技术效应通常是正向的。在 Grossman 和 Kruger（1994）的分析框架下，OECD（1994）将其进一步划分为规模效应、结构效应、技术效应、产品效应和规制效应。此后的研究大多围绕以上诸效应展开，但得出的结论有所不同。

三、绿色 TFP 的相关理论

绿色 TFP 理论的建立主要基于环境技术理论和可持续发展理论。以下简要介绍环境技术理论和可持续发展理论。

1. 环境技术理论

社会生产即是将投入要素转化为产出的过程，但产出中除了合意和期望产出，还包括污染等非期望产出。随着经济发展和环境保护的矛盾日益尖锐，人们对环境质量和可持续发展的诉求也是越发强烈。在对经济成果以及绩效进行评估的过程中，人们不再仅仅关注期望产出的提升，也日渐重视各种非期望产出的水平。环境生产技术即指人们把非期望产出引入传统经济生产的技术。环境技术效率强调在产品产出、技术转换的过程中兼顾环境保护，将对生态环境的影响纳入衡量生产效率的评价体系。在要素投入相同的前提下尽可能减少非期望产出，是提升环境效率的主要途径。Färe 等（2007）定义的环境技术函数模型可转化为如式（3-2）所示的形式。

$$P(x) = \{ (x, y^a, y^b) \mid x \geq X\mu, \ y^a \leq Y^a\mu, \ y^b = Y^b\mu, \ \sum_{i=1}^{m} \mu = 1, \ \mu \geq 0 \}$$

$$(3-2)$$

其中，P 表示一个完整的社会生产系统。在该系统中，$X = (x_y) \in R_{nm}^+$ 表示投入要素对应的向量，$Y^a = (y_{ij}^a) \in R_{nm}^+$ 表示合意产出对应的向量，$Y^b = (y_{ij}^b) \in R_{nm}^+$ 表示非合意产出对应的向量，μ 表示横截面观测值的权重。如果 $\sum_{i=1}^{m} \mu = 1$，则表示规模报酬不变；如果 $\mu \geq 0$ 且消除权重之和等于 1 的约束条件，则表示规模报酬可变。以上生产可能性集合还具有凸集闭集、联合弱可处置性、零结合性、合意产出和投入的强可处置性等重要特征。

环境技术理论为人们评估环境效率和区域环境绩效问题提供了分析切入点，为绿色生产率研究奠定了基础，为经济增长和环境保护协调发展指引了研究途径。

2. 可持续发展理论

随着人们的社会生产活动日益频繁，资源和环境的问题也日益凸显。人们在经济利益驱动下从自然环境中攫取大量资源，甚至超过了环境承载和再生能力，逐渐导致环境的恶化和资源的枯竭。同时，人们的经济活动自身也会排污，在不受制约的情况下会破坏自然环境的自我平衡性。20 世纪末可持续发展的概念被提出：可持续发展应"既满足当代人的需求，又不损害后代人满足其需求能力的发展"。此后世界环境与发展委员会正式确立并通过了可持续发展理念，并在各国推广和宣传。该理念强调协调、共同、公平和多维发展等理念，倡导在经济持续发展的前提下，环境和资源能持续以保证社会延续，并将发展的理念融入经济、社会和环境的有机统一体中（马大来，2015）。其中，减少资源消耗、提高经济发展效率也是可持续发展所推崇的。资源的节约与积累能够为环境质量的改善创造宽松的环境，形成良性循环。可持续发展理论为绿色 TFP 研究提供理论依据。提升绿色 TFP，实现人口、资源与环境的协调发展，由粗放型的增长方式向集约型的增长方式转变，是实现可持续发展的具体途径。

综上所述，本书基于内生增长理论、知识溢出理论和新贸易理论对贸易的技术溢出效应研究进行梳理，基于"污染天堂假说"、要素禀赋效应、EKC 和贸易环境效应理论对贸易环境效应的相关研究进行梳理，基于环境技术理论和可持续发展理论对绿色 TFP 研究进行梳理。在此基础上，进一步阐述农产品国际贸易影响农业绿色 TFP 的机理。

第二节　机理分析

基于上述分析可知，国际贸易对 TFP 会产生多重影响，但是在资源环境约束下，国际贸易又如何影响 TFP？其影响机理是什么？本节将结合农产品国际贸易与农业绿色 TFP 的关系对此进行阐述。如图 3 - 1 所示，农产品国际贸易对农业绿色 TFP 的影响主要是在两条途径共同作用下实现的。一方面，农产品国际贸易通过竞争效应、示范效应、规模效应、产业链效应和学习效应影响农业 TFP；另一方面，农产品国际贸易通过结构效应、规模效应和技术效应影响农业外部环境。因此，首先分析农产品国际贸易的 TFP 效应和环境效应，并基于此进一步探讨农产品国际贸易对农业绿色 TFP 的作用机理。

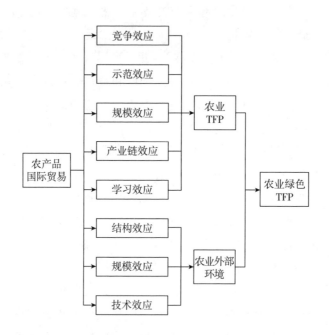

图 3 - 1　农产品国际贸易对农业绿色 TFP 的影响机理

一、农产品国际贸易对农业 TFP 的影响

1. 进口的竞争效应

进口的竞争效应通常指国外出口商与本国生产者的竞争以及本国生产者彼此之间的竞争。发达国家的农产品进入本国市场，本国农产品的生产者面对发达国家优势产品的竞争压力，为保证市场份额必然奋起直追，加

大研发投入，改进生产工艺，创新管理制度，模仿先进技术，从而实现技术创新和技术进步。而发达国家的农产品出口商为保持竞争优势，必然进行持续创新，为新一轮技术溢出形成基础。此外，贸易的竞争效应不仅仅局限于进口商和本国生产者之间。部分参与国际贸易、接触先进的技术和管理制度的生产者将先进的生产技术和管理经验引入，不但增强了自身的出口竞争力，而且在本国逐渐建立起强有力的竞争优势。其他与之生产同类产品的生产者在经济利益的驱动和竞争压力的推动之下，也会纷纷学习和效仿，进行技术革新，从而提升其竞争力。此时最早的技术创新引领者的优势逐渐弱化，为保持优势，新一轮的技术引进和竞争又将开始。但是竞争效应影响较复杂，短期内可能由于进口产品的竞争对国内产品产生了挤出效应，抑制了生产率的增长；从长期来看，高技术含量的产品的竞争迫使国内生产者进行研发、学习和改进，最终推动了 TFP 的增长。

2. 进口的示范效应

开放经济为存在技术势能差的国家创造了一个交流的机会。伴随发达国家的农产品进口到发展中国家，其产品中新的培育方法、加工和生产理念，甚至产品的营销策略等都会进入进口国，并对进口国的生产者产生强烈的示范效应。进口国的农业生产者在示范效应和经济利益的驱动下，通过与发达国家进行技术交流，对进口产品进行技术模仿从而提高了自身的生产率。具体而言，进口国的农业生产者主要从以下三方面进行模仿和学习：首先，发达国家在部分初级农产品的栽培技术和加工农产品的生产工艺上较之发展中国家更具优势，发展中国家农业生产者可以通过与对方技术合作或指派技术人员到发达国家学习、培训等，实现农产品的创新升级。其次，发达国家的竞争优势不仅仅体现在生产培育技术上，其先进的组织模式和管理制度都对最终的生产效率起到了决定作用。发展中国家生产者可以通过吸引外商直接投资项目或者外派管理人员考察培训以实现对其管理制度的模仿和学习。最后，发达国家出口商对产品的包装、宣传等跨境营销策略甚至其物流体系等，都伴随着农产品的进口给予发展中国家的生产者一定的启发。总体而言，进口发达国家的农产品在技术、管理制度以及营销策略等方面都对发展中国家生产者具有参考意义。

3. 出口的规模效应

农产品出口，一方面通过深化分工推动生产率的提高，另一方面能够扩大本国生产者的发展空间，促使本国生产者实现更大的经营规模，实现生产边界向外推移，产生规模效应。分工起因于交换能力，分工程度是区域经济发展的基本动力。农产品国际贸易为各国提供了交易的市场，各国可以根据比较优势进行专业化和规模化的生产，提高资源配置和使用的效率。同时，出口的增长促使生产者有效利用国内闲置的资本和劳动力，扩大生产能力，改进生产技术，创造更大的利润空间。规模的扩大又有助于提升服务质量，降低运输成本以及出口成本。Nishimizu 和 Robinson（1984）与 Rivera – Batiz 和 Romer（1991）的研究也肯定了贸易的规模经济效应。

4. 出口的产业链效应

农产品出口的产业链效应主要体现在两个方面：一是农产品出口生产者对非出口生产者的技术溢出效应；二是农产品出口生产者对其关联生产者的溢出效应。一方面，出口需求扩大往往是刺激技术创新的一个信号，结果不仅是出口数量增加，更重要的是出口产品质量也大大提高。农产品出口商在市场竞争中获得了新技术，了解市场的新要求，会通过竞争效应和示范作用直接或间接地传递给非出口生产者，因而带动非出口部门的生产率。另一方面，农产品出口商为确保产品质量而对关联生产者进行指导和培训，所获得的技术知识和信息能被国内垂直企业直接吸收消化，从而促进前向企业和后向企业的生产率提升，对其产生了溢出效应。Álvarez 和 López（2006）研究了出口对于同一产业内的其他企业和与出口企业垂直相关的企业是否存在溢出效应，结果发现出口不仅会通过水平溢出提高产业内其他生产者的生产率，而且会通过后向溢出，如传授知识、技术援助，指导供应商提高产品质量来促进其生产率的提高，还可通过前向溢出，如改进中间产品的投入质量或者降低中间产品成本，来提高前向企业的生产率。

5. 出口的学习效应

农产品出口的学习效应并非基于出口的目的，而是从事经济活动时自然产生的，通常称之为"干中学"（learning by doing）。"干中学"包括"用中学"，指的是对某项技术用得越多，对其了解越深入；"学中学"，指的是在开发利用中学习；"交互作用中学习"，指的是消费者为生产者提供技术、质量和管理方面的信息甚至直接给予培训指导。已有研究表明，大部分出口商的生产效率要高于非出口商。换言之，一国或者一行业外贸依存度越高，生产率相应越高。这主要是由于生产者在选择出口后，接触外国竞争者对产品的新想法和创意以及消费者多样化的需求，为维持其市场份额，必须不断发挥学习效应以持续进步。此外，农产品出口遭遇的国际食品安全壁垒、国际营销和运输等生产线服务，以及国际农产品价格波动所传递的物质能源发展信息，有助于激励发展中国家农户改造守旧思想，创新观念，摈弃农业僵化生产行为。这对于部分落后的国家和地区具有特别重要的意义。余淼杰（2011）、Atkin 等（2017）、Gibson 和 Paclou（2017）等研究都认可发达国家和发展中国家普遍存在出口的学习效应。

二、农产品国际贸易对环境的影响

在 Steven（2005）关于生态环境演变的框架中，驱动生态环境变化的有直接动因和间接动因。其中，直接动因涉及气候、地理等直接影响生态系统变化的因素，而间接动因涉及人口、经济、收入、文化等间接改变或影响环境的因素。间接动因相对于直接动因更具有可控性，对于政策制定者具有指导意义，因而这一分析框架更强调间接动因的影响。本章基于此研究思路，参考 Grossman 和 Kruger（1994）对贸易的环境效应的阐述，试图从结构效应、规模效应和技术效应三方面探析农产品贸易作用于农业面源污染排放的影响机理。如图 3－2 所示，农产品国际贸易会伴随着国内农业生产结构的变动、农业生产规模的变动和农业清洁技术的引进等因素，共同作用于农业面源污染排放。

1. 结构效应

农产品国际贸易的结构效应指的是农产品国际贸易引入国际市场的农产品竞争，影响国内市场价格，引导国内的农业生产结构调整。在自由

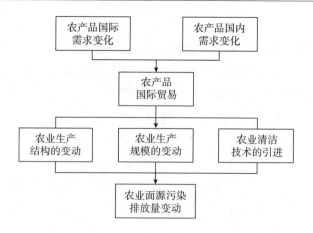

图 3 - 2   农产品国际贸易对农业面源污染排放影响的作用机理

贸易的平台上,各国根据自身所拥有的农业资源禀赋结构进行生产,出口具有相对丰裕的资源密集型产品,进口相对匮乏的资源密集型产品,结果导致具有比较优势的农产品生产规模扩大,而具有比较劣势的农产品生产规模缩减。不同农产品生产规模的变化又进一步影响到种植业内部结构以及种植业和畜牧业比例的变动,从而带动农业生产要素投入、种植物品种以及畜禽养殖品种均发生变化。就中国的具体情况而言,中国劳动力资源丰富,土地资源相对紧张和稀缺,劳动力成本要低于土地成本。在国际市场中,中国的土地密集型农产品相较于美国等主要农产品出口国价格更为昂贵,而劳动密集型农产品价格则更为低廉。这意味着中国在生产土地密集型农产品上具有比较劣势,而在生产劳动密集型农产品上具有比较优势。在国内国外市场需求的双重作用下,棉花、油籽等土地密集型农产品的进口量和蔬菜等劳动密集型农产品的出口量呈现不断上升的趋势。由于各种植养殖品种的污染排放强度不同,最终农业生产的面源污染排放量也发生了变化。

2. 规模效应

农产品国际贸易的规模效应从进口和出口两方面进行分析。农产品进口的规模效应指农产品进口规模的扩大引致国内农业生产的规模的缩减和农业生产过程中化肥、农药等要素使用强度的降低，从而可能降低了农业面源污染排放。如前述分析，中国在生产土地密集型农产品方面具有比较劣势，在开放的国际市场上，价格会引导中国进口更多的土地密集型农产品。此类农产品的进口在满足国内消费者需求的同时，一定程度上缓解了国内生产该类产品的环境压力，缩减了同类产品的生产规模，减少了单位面积的农药、化肥等要素的投入量，进一步减少了能源消耗和污染。农产品出口的规模效应指农产品出口规模的扩大推动国内农业生产规模的扩张，从而增加农业生产各种要素的投入量和使用强度，通常会增加污染排放。中国在出口劳动密集型农产品方面具有比较优势，在自由贸易环境中将进一步扩大蔬菜、水果等农产品的生产和出口规模。蔬菜、水果等劳动密集型农产品在生产的同时，也伴随着化肥、农药等生产要素的投入。由于国际市场对农产品的数量与质量的双重要求，生产者为了追求高产量可能增加化学品等生产要素的投入量，或者提高耕地的复种指数，增加种植业的能源消耗。此外，除蔬菜、水果外，中国的部分畜产品和水产品在国际市场上也大受欢迎。在利益驱动下，生产者会扩大畜禽养殖和水产养殖的规模，从而增加了畜禽粪便污染和水体污染。农产品贸易的规模效应是减轻了污染抑或是加剧了污染，取决于进口的规模效应与出口的规模效应的对比。

3. 技术效应

农产品国际贸易的技术效应指贸易推动先进农业生产技术的创新和传播，从而影响化肥、农药等生产要素施用强度以及农业废弃物的利用效率，并作用于外部环境。农业技术进步通过以下两条途径作用于环境：一是采用新技术提高投入产出效率，同样的产出水平下所需的投入要素减少，节约了资源；二是采用清洁技术减轻农业生产过程对环境的污染与破坏，例如，通过农业废弃物的循环利用、以有机肥替代化肥的方式，提高秸秆的资源化利用率与减少畜禽粪便的排放量以改善环境。就中国农产品国际贸易的技术效应而言，对外开放为生产者提供了更多国际交流的机会，为信息传播提供了更广阔的平台，有利于农业生产者了解国际上先进的绿色生产技术。同时，国际贸易带动人们收入水平的提高以及消费者对低碳、环保农产品需求的增强,绿色贸易壁垒的倒逼以及政府对绿色技术的研发和应用进行补贴,都会迫使生产者采用新技术以减少污染、减轻环境压力。

综上所述,首先,农产品国际贸易的结构效应指对外贸易通过引入国际市场的竞争,影响国内市场价格,在国内资源禀赋的作用下引导国内农业生产结构向着更具比较优势的方向调整,进一步带动种植业和畜牧业产业结构的变动,并导致农业生产要素投入、种植作物和畜禽饲养品种发生变化进而对环境产生影响(闵继胜,2012)。其次,农产品国际贸易的规模效应分别从出口和进口进行剖析:农产品出口规模的扩大会推动相关产品生产规模的变动,带动要素投入的数量增加和农药化肥施用强度的提高,加剧农业面源污染排放量;而进口规模的扩大则会缩减国内同类产品的生产规模,从而减少因该类产品生产而可能产生的污染。规模效应的净值则取决于进出口效应的比较。最后,农产品国际贸易的技术效应是指农业生产者由于国际市场的信息传播、竞争压力或遭遇贸易壁垒进而学习先进清洁技术,降低单位面积的化肥、农药等生产要素的使用强度,提升农业废弃物的利用效率,减轻农业面源污染。

三、农产品国际贸易对农业绿色 TFP 的影响

一方面,农产品国际贸易通过规模效应、示范效应、竞争效应、产业链效应和学习效应影响农业 TFP;另一方面,农产品国际贸易通过结构效应、规模效应和技术效应影响农业外部环境。因而农产品国际贸易对农业绿色 TFP 的影响是在两条路径共同作用下实现的,是一个复杂的过程。

从贸易的 TFP 效应分析可知,一方面农产品进口由于示范效应促进了技术溢出,另一方面可能由于引入竞争以及市场份额被挤占等而不利于生产率的增长。农产品出口则通过带动经济增长、促进本地生产者学习先进技术以及通过产业链效应,对相关企业产生了前向、后向或者水平的技术溢出进而带动 TFP 的增长。从贸易的环境效应分析可知,首先,农产品进出口的结构效应较为复杂,最终是加剧了抑或是减轻了污染取决于国际市场需求是引致了污染排放高的产品生产规模的扩大还是污染排放低的产品

生产规模的扩大。其次，农产品进口可能由于对国内生产的替代而降低了环境污染成本，并产生了正向的环境溢出效应。农产品出口则由于扩大了生产规模和增加了资源消耗加剧了污染。最后，农产品进出口的技术效应指农业生产者由于国际市场中产品的竞争或遭遇贸易壁垒进而提高生产标准，学习绿色生产技术，客观上减轻了环境压力。以上各种效应中，哪种效应起主导作用将决定农产品贸易对绿色 TFP 的影响方向。因而农产品贸易的绿色技术溢出效应需要实证部分的进一步检验。

　　贸易的绿色技术溢出效应同时还与各主体的承载能力有关。技术输入不是技术溢出发生的充要条件，只是必要条件；吸收能力是国际技术产生溢出效应的充分条件，决定了各区域对先进技术的识别、获取、消化和再创造的过程。当当地的经济技术、基础设施等影响吸收能力的因素未达阈值时，输入的技术无法促进技术进步和技术效率的提升，农产品贸易可能无法带动农业绿色 TFP 的增长。只有该地区的吸收能力跨越阈值时，农产品贸易才能对绿色生产率产生正向的推动作用。早期文献将国际技术溢出与国内技术进步直接关联起来进行研究，忽略了技术溢出与技术进步之间的吸收问题。近年来，已有部分学者开始关注溢出与吸收之间的反馈机制。李小平、朱钟棣（2004）利用中国的省级面板数据研究国际贸易技术溢出的门槛效应，结果表明以地区 GDP 为门槛变量，出口具有"正门槛效应"而进口具有"负门槛效应"。符宁（2007）指出国内 R&D 投入等吸收能力因素会影响国际技术溢出对中国技术创新的作用效果。齐绍洲、徐佳（2018）利用"一带一路"沿线国家的数据，基于面板门槛模型考察进出口贸易对绿色 TFP 的影响时发现，基础设施、金融发展和制度质量等因素会影响各地的吸收能力进而作用于进出口贸易的绿色溢出效应。本书在分析贸易的绿色技术溢出效应时也将吸收能力纳入分析范畴，作为贸易推进技术进步的重要条件。

　　在本书的分析框架中，综合了农产品国际贸易的 TFP 效应和环境效应，同时还考虑到了溢出和吸收的反馈机制。因此，本书构建的分析框架较为完整地诠释了农产品国际贸易的绿色技术溢出的路径与规律。

第三节　本章小结

对外开放理论上可能带来贸易参与国的技术进步，但大量研究发现贸易不一定产生正向的技术溢出效应。农产品国际贸易不仅产生知识和技术溢出，还同时作用于环境。虽然目前已有部分学者开始关注贸易与绿色 TFP 的关系，但大多只是将两者关系简单界定为贸易带动绿色技术进步的过程，或者只是在进行 TFP 测算时纳入环境成本，再对两者关系进行实证分析，缺乏贸易作用于绿色 TFP 的分析框架。本章构建了贸易的技术溢出、环境约束、技术进步与农业生产率增长的分析框架，对农产品国际贸易作用于农业绿色 TFP 的机理分层次进行梳理和阐述，为后文的实证研究夯实理论基础。

第四章
农产品国际贸易的现状

自中国加入 WTO 以来，农产品进出口贸易的规模大幅增加，其格局与结构也发生了巨大的变化，本章着重从贸易规模、贸易商品结构、区域分布特征、贸易特点等角度对农产品国际贸易概况进行介绍。

第一节　农产品国际贸易的规模

随着农业部门的改革与对外开放的深入，中国农产品的国内国际市场整合也不断提升。从图 4-1 可以看出，2002～2019 年中国农产品的进出口贸易总额增长迅速，从 2002 年的 237 亿美元增加到 2019 年的 2300.7 亿美元。其中，农产品出口额从 2002 年的 135.05 亿美元增加到 2019 年的 791.0 亿美元，农产品进口额从 2002 年的 101.95 亿美元增加到 2019 年的 1509.70 亿美元。

虽然中国农产品国际贸易规模在不断扩张，但是它在贸易总额中所占比重却极小。表 4-1 展示了农产品出口和农产品进口在全国货物贸易总额中所占比重的变化。由表 4-1 可知，农产品出口占全国货物贸易出口总额的比重由 2002 年的 4.15% 下降到 2016 年的 3.48%，而农产品进口占全国货物贸易进口总额的比重由 2002 年的 3.45% 上升到 2016 年的 7.00%。出口比重下降，虽然进口有一定程度的上升，但是由于农产品国际贸易的创汇能力明显低于工业品贸易，因而农产品国际贸易在全国货物贸易中处于弱势地位。

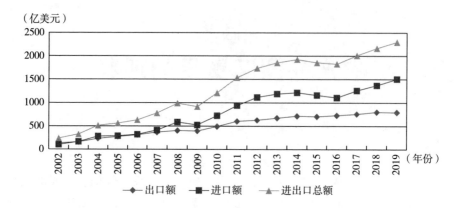

图4-1 2002～2019年中国农产品国际贸易总额

资料来源：《中国农产品贸易发展报告》。

表4-1 中国农产品国际贸易在总贸易额中的占比 单位:%

年份	2002	2004	2006	2008	2010	2012	2014	2016
农产品出口占比	4.15	3.89	3.23	2.92	3.12	3.05	3.05	3.48
农产品进口占比	3.45	4.99	4.07	5.35	5.19	6.12	6.20	7.00

资料来源：《中国农产品贸易发展报告》。

第二节 农产品国际贸易的商品结构

2004年后农产品国际贸易由顺差转为逆差，且该趋势不断增强。以下分别从进口和出口的角度对农产品国际贸易的商品结构进行分析。

一、农产品出口

中国农产品出口以水产品，蔬菜，鲜、干水果及坚果，畜产品为主。

此类农产品的出口贸易规模逐年递增。其中，水产品出口量从 2002 年的 163 万吨增加到 2016 年的 423.8 万吨，出口金额由 2002 年的 28.71 亿美元增加到 2016 年的 207.40 亿美元。蔬菜出口量从 2002 年的 360 万吨增加到 2016 年的 1009.80 万吨，出口金额从 2002 年的 18.8 亿美元增加到 2016 年的 147.20 亿美元。鲜、干水果及坚果出口量从 2002 年的 113 万吨增加到 2016 年的 347 万吨，出口金额由 2002 年的 4.64 亿美元增加到 2016 年的 52.09 亿美元。主要畜产品出口金额由 2002 年的 9.18 亿美元增加到 2016 年的 56.40 亿美元。2016 年主要农产品出口金额如图 4-2 所示。

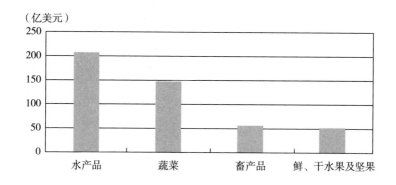

图 4-2　2016 年主要农产品出口金额

资料来源：《中国农产品贸易发展报告》。

2016 年水产品出口额 207.40 亿美元，出口量 423.80 万吨。国内自产资源出口水产品中，墨鱼、鱿鱼、章鱼等养殖捕捞水产品仍然是主要出口品种，出口额占一般贸易出口总额的 69.40%。中国水产品对世界主要市场的出口额均增长，对东盟出口也继续增长。主要是由于中韩、中澳自贸协定生效，通过简化签证程序、取消原产地证书、减免关税等措施，降低了成本，提高了竞争力。

蔬菜出口额达 147.20 亿美元，出口量达 1009.80 万吨。蔬菜出口以鲜冷冻蔬菜和加工保鲜蔬菜为主，两者合计占蔬菜出口总额的 73.80%。主要出口市场为日本、越南、中国香港、韩国和美国，东盟已经成为中国最大的蔬菜出口市场。国际市场的需求刚性推动蔬菜出口价格的上升和出口量的增加。

鲜、干水果及坚果出口额达 52.09 亿美元。水果出口以鲜苹果、柑橘、鲜梨、葡萄为主，主要出口市场为泰国、越南、美国、日本、俄罗斯。由于国内苹果、梨等传统水果品种普遍增加，导致供给增加，在消费需求相对稳定的情况下，价格下跌，出口竞争优势增强。坚果出口额达 11.90 亿美元，出口量达 29.10 万吨，出口产品以瓜子、栗子和松子为主。

畜产品出口总额达 56.40 亿美元。其中，出口额超 1 亿美元的畜产品是家禽产品、生猪产品、肠衣、羽毛、蜂产品、动物毛、蛋产品和牛产品，出口额占畜产品出口总额的 90.80%。出口的主要市场为中国香港、日本、德国、美国和泰国。

得益于丰富的劳动力资源和低廉的劳动力成本，中国农业在生产蔬菜、水果和水产品等劳动密集型农产品方面具有比较优势，因而此类农产品出口规模不断扩大。

二、农产品进口

中国农产品的进口以食用油籽、畜产品、水产品、水果及坚果、谷物和棉花为主。此类农产品的净进口贸易规模逐年递增。如畜产品进口金额由 2002 年的 21.2 亿美元增长至 2016 年的 234 亿美元；水果及坚果进口金额由 2002 年的 3.72 亿美元增加至 2016 年的 58.10 亿美元；谷物类产品进口金额由 2002 年的 4.94 亿美元增长至 2016 年的 57.10 亿美元。如图 4-3 所示，2016 年中国主要进口农产品有食用油籽、畜产品、水产品、水果及坚果、谷物产品以及棉花。

2016 年，食用油籽进口总额为 370.4 亿美元，以大豆、油菜籽、芝麻、亚麻籽和花生为主。其中，大豆比重超过 90%，大豆进口增量减少。大豆主要进口来源地为巴西、美国和阿根廷。油菜籽主要从加拿大和澳大利亚进口。2016 年，大豆进口虽然增速有所滑落，但是进口量居于高位。国内对进口大豆的需求继续扩大。国内玉米种植面积大幅减少，大豆种植面积恢复并有所增长。2016 年，大豆产量比上年增加 115 万吨。目标价格的实施使国产大豆价格向国际价格接近，提高了国产大豆的价格竞争力。进口油菜籽加工效益不佳和强化对油菜籽进口的杂质检测抑制了进口需求。

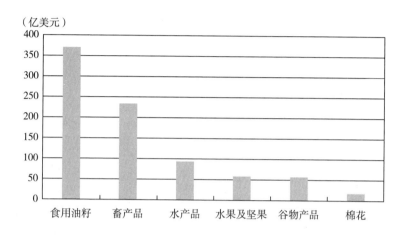

图 4-3　2016 年中国主要农产品进口金额

资料来源：《中国农产品贸易发展报告》。

畜产品进口额达 234 亿美元，增长 14.50%。进口额超过 10 亿美元的畜产品有乳制品、生猪产品、牛产品、动物毛、动物生皮和家禽产品 6 类产品。主要进口来源地为澳大利亚、新西兰、美国、巴西和德国，进口额合计占畜产品进口总额的 58.30%。在环保政策的引领下，中国生猪去产能明显，2016 年生猪以及能繁母猪存栏量下降、国内产量下降，内外价差扩大和市场进一步开放使猪肉进口动力增加。另外，牛肉、羊肉和牛奶国内产量下降拉动了畜产品进口量额齐增长。

谷物产品进口额下降，进口量为 2199.70 万吨，进口额为 57.10 亿美元，贸易逆差 52.10 亿美元。谷物产品主要进口来源地为美国、澳大利亚、乌克兰、越南和加拿大。2016 年，全球经济复苏低迷，国际市场大宗农产品供应充足，需求明显不振，价格低位徘徊。尽管国内农业生产成本刚性增长，但是在国际大宗农产品价格普遍低迷的形势下，国家对当年的小麦、粳稻最低收购价保持 2015 年水平不变；玉米则实施"价补分离"改革政策，使得国内价格大幅下降。在政策引导下，海运费大幅反弹，提高了进口传播，尽管国际市场价格低迷下行，但是内外价差有所缩减，谷物产品整体进口减少。

水果进口量 417. 90 万吨，进口额 58. 10 亿美元，以鲜冷冻水果为主。坚果进口额 6. 80 亿美元，进口量 11. 20 万吨，以开心果、夏威夷果和巴旦杏为主。中澳协定生效后，中国自智利进口水果的比例年均增长近 40%。

水产品进口额达 93. 70 亿美元，进口量 404. 10 万吨，鱼粉是主要的进口商品。由于秘鲁等国利用优惠的投资政策和低廉的人力成本为中国提供了多元化的选择，中国进口水产品红利增加。

2013～2016 年，棉花进口量连续四年下降。2016 年，棉花进口量 124 万吨，进口额 17. 80 亿美元。棉花的主要进口来源地为澳大利亚、印度、乌兹别克斯坦和巴西，主要出口市场为朝鲜、印度尼西亚、孟加拉国、越南和印度。虽然中国棉花种植面积连续五年下降，但是棉花库存仍然充裕。国家在关税配额之外发放滑准税和进口配额，供需缺口由储备粮弥补。充足的供应和目标价格的继续实施，缩小了国内外棉花价差，导致全年国内棉花平均价格低于配额外进口棉花到岸税后价，减少了棉花进口。进口棉纱的绝对量也远高于棉花，对棉花进口有明显的替代作用。

以上农产品进口增长规模大致趋同，呈现波动性增长的趋势，主要由于中国耕地资源的稀缺和土地成本的高昂，导致油籽、谷物和棉花等土地密集型农产品的进口不断增加。同时，政府推行了抑制食用油籽和食用植物油等出口的政策和降低棉花滑准税以扶持纺织业发展等措施，未来棉花、油籽类农产品的净进口趋势将更为明显。

第三节　农产品国际贸易国内进出口地区的结构

目前普遍认可的东中西地区划分如下：东部地区包括北京、天津、河北、辽宁、上海、江苏、浙江、福建、山东、广东、广西和海南 12 个省级行政区；中部地区包括山西、内蒙古、吉林、黑龙江、安徽、江西、河南、湖北、湖南 9 个省级行政区；西部地区包括四川、重庆、贵州、云南、西藏、陕西、甘肃、青海、宁夏、新疆 10 个省级行政区。东中西部地区的农产品国际贸易绩效出现分化。2002～2016 年，东部地区年均农产品进出口总额达 345.46 亿元，中部地区年均农产品进出口总额达 321.66 亿元，西部地区年均农产品进出口总额达 43.77 亿元。各地区农产品国际贸易均以一般贸易为主，进料加工贸易、来料加工贸易、边境小额贸易等方式较少。

2016 年，农产品国际贸易额超过 50 亿美元的省份有广东、山东、江苏、福建、上海、辽宁、浙江、天津、广西和云南，合计占全国农产品国际贸易总额的 82.6%。从分类农产品的主要出口省份来看，水产品出口大省为福建、山东、广东、辽宁和浙江，其出口额均超过 1 亿美元。蔬菜出口大省为山东、河南、福建、云南和江苏。水果出口大省为云南、山东、福建、陕西和浙江。畜产品出口大省为广东、山东、江苏、浙江和湖南。粮食制品出口大省为广东、山东、江苏、辽宁和福建。从分类农产品的主要进口省份来看，油籽进口大省为山东、江苏、广东、广西和辽宁。畜产品进口大省为广东、上海、天津、江苏和浙江。水产品进口大省为辽宁、广东和上海。饮品进口大省为广东、上海、江苏、福建、北京、浙江、山东、天津和辽宁。

以下选取山东、浙江、内蒙古、四川和宁夏五个典型省份概述其农产品国际贸易促进措施。山东省通过大力推进农产品品牌建设，助推农业出口产业转型升级，加强出口市场监测预期和出口信息服务，积极组织农产品境外营销促销以推进本省农产品国际贸易。浙江省的主要措施包括加大财税金融支持力度，促进传统外贸优化升级，强化预警机制，提升出口产品品质，积极开拓海外市场。内蒙古自治区通过积极组织企业参加境内外展会，依托外贸转型升级示范基地建设，加强与中国出口信用保险公司的合作协调，帮助出口农业企业规避风险，扩大其优势农畜产品的出口市场份额和影响力。四川省促进农产品出口的主要措施包括：大力推进农产品出口基地建设，积极开拓优势农产品境外市场，加强银政联合解决企业融资难题，加强监测预警维护农业产业安全。宁夏回族自治区则通过农业国际合作战略规划，培养农业国际合作人才，拓展农业对外经贸合作渠道，跟踪推进国际农业合作项目，组织知名企业参加国内外知名展会以促进其农产品国际贸易的发展。

从区域差异角度进行分析可知，2016年农产品国际贸易仍然以东部地区为主，中部地区位列第二。东、中、西部地区农产品出口额分别为495.10亿美元、68.40亿美元和96.80亿美元，进口额分别为909.30亿美元、50.60亿美元和74.30亿美元。

第四节　农产品国际贸易发展的特点

随着中国加入WTO，农产品市场开放度不断提高，农业利用国外市场和资源已达到较高的规模和水平。随着当前内部环境的不断变化，农产品国际贸易发展面临的环境和形势更为复杂、更加严峻。应进一步完善农产品贸易政策，加强全面统筹规划，以提高农业的国际竞争力。

第一，进出口额大幅增长，在世界农产品国际贸易中占有重要地位。2002~2018年，中国农产品国际贸易总额由237亿美元增长到2168.05亿美元，年均增长率为14.84%，处于历史较高水平。中国农产品国际贸易在国内货物总贸易比重中有所下降，但是在世界农产品国际贸易中的地位则不断提高。2018年，中国农产品出口额和进口额均为世界首位。农产品进口方面，2017年，中国食用油籽、棉花、畜产品和水产品的进口额居于首位。出口方面，中国水产品、蔬菜、坚果出口额居于首位，水果出口额居于第二位，干豆和食用油籽出口额分别居于世界第四、第五位。中国农产品出口增长对世界农产品出口增长的贡献率为6.4%，中国农产品进口增长对世界农产品进口增长的贡献率为12.2%。中国的水产品、花卉和畜产品出口增长对世界该类产品出口增长贡献率最大，棉花、食用油籽和植物油进口增长对世界该类产品进口增长贡献率最大。

第二，出口保持增长，进口呈现阶梯形扩大。中国农产品出口总体保持稳定增长态势。2002~2016年，蔬菜出口额年均增长率为13.20%，水果出口额年均增长率为15.80%，茶叶出口额年均增长率为10.20%，水产品出口额年均增长率为12.20%。蔬菜、水果、水产品等劳动密集型产业一直保持净出口的传统优势，但在世界经济低迷、需求下降、劳动力成本上升的作用下,竞争优势下降。农产品进口经历了三个增长阶段,净进口呈现阶梯形扩大,进口规模梯次增加。第一阶段为 2002～2006 年,中国由农产品净出口国转为净进口国,净进口产品主要是大豆、棉花、食用植物油和食糖,主要粮食产品处于净进口状态。第二阶段为 2007～2011 年,由于国际金融危机和大宗农产品价格剧烈波动,农产品进口倍增,净进口产品扩大到食糖、乳制品、畜产品和三大主粮产品。第三阶段为 2012 年至今,由于国内农产品价格维持高位,国际农产品价格持续下降,价格倒挂导致农产品国际贸易逆差持续扩大。

第三,自贸协定提高市场开放度,拉动贸易额增长。早期,中国农产品主要出口周边国家以及欧美等发达经济体,进口来源地主要为美国、巴西、澳大利亚、阿根廷和欧美。近年中国与新兴经济体和发展中国家加强沟通,建立了多个贸易促进平台,与墨西哥、乌拉圭、乌克兰、俄罗斯、以色列等国家的农产品国际贸易额增幅显著。同时,中国先后与东盟、新西兰、智利、秘鲁签署了自贸协定。在自贸协定的影响下,中国与相关贸易伙伴国的农产品国际贸易快速增长。自贸协定的签署提高了市场开放度并拉动了双边贸易的增长。2016 年,中国与所有自贸区伙伴间的农产品国际贸易额已经超过 680 亿美元,高达农产品国际贸易总额的 37%。2020 年中国与东盟十国签订了 RCEP 区域自贸协定,为中国与东盟国家农产品贸易带来新的契机。

第四,农产品国际贸易面临诸多问题和挑战。虽然农产品国际贸易提高农民收入,促进农业农村生产发展,有利于农业转方式、调结构及提高农产品的国际竞争力,但是农业基础竞争力在国际比较中面临着较大的挑战和压力。贸易开放带来一些负面影响,如"非必需"农产品进口规模大量增加,"适度进口"目标面临挑战,进口价格天花板效应增强。国内产业面临更大风险,原有国内支持保护政策受到多重挑战,保障生产者利益难度加大。在国内农产品市场高度开放的同时,国外农产品市场保护程度仍然很高。一些国家将贸易壁垒延伸到低碳、汇率、知识产权等领域,这都给中国优势农产品出口带来很大障碍。

第五节　本章小结

　　总体而言，中国农产品国际贸易的总额增长迅速，出口以水产品、蔬菜、水果、坚果及畜产品为主，进口以食用油籽、畜产品、水产品、水果及坚果、谷物和棉花为主。从区域差异角度进行分析可知，东部地区农产品贸易额最高，中部地区次之，西部地区最低。农产品贸易在快速发展的同时面临各种问题和挑战。

第五章
农业绿色 TFP 的测算与分解

农业绿色 TFP 是考虑了资源和环境约束的农业 TFP。因此对农业绿色 TFP 进行测算时除了要考虑土地、劳动力、机械动力等要素投入和农业 GDP 产出等因素外，更应将与农业环境污染有关的要素投入和产出纳入测算范围。本章首先对农业面源污染和农业 TFP 进行测算，在此基础上，将农业面源污染排放作为非期望产出引入生产率分析框架中以测算农业绿色 TFP。

第一节　农业面源污染的测算

由于农村经济粗放的发展模式、地方经济利益的驱动以及对生态环境的忽视等，中国农村产生了以环境复合污染和生态资源退化为主要特征的一系列较为严重的生态问题。造成以上现象的主要原因有：工业点源污染和农业面源污染叠加，生活污染和生产污染并存，新旧污染交织，生态资源退化区域在不断扩散。这些生态问题中，首当其冲的是农业面源污染。基于此，本书将主要讨论农业面源污染的核算方法并分析核算结果。本节分为以下四部分：第一部分主要介绍农业面源污染核算流程与方法，第二部分主要进行面源类型识别和产污单元分析，第三部分对农业面源产污过程进行调查与核算，第四部分主要阐述农业面源污染的变化趋势、污染源以及区域差异。

一、农业面源污染核算方法与流程

农业面源污染是指农业生产中的农田化肥：农药，各种有机或无机污染物通过农田地表径流和地下渗漏等渠道进入水体，引起水体污染。农业面源污染的危害包括：化肥施用引起水体富营养化，破坏水生生物的生存环境，导致生物多样性受损；农业生产导致农药残留污染，地下水硝酸盐污染；畜禽排泄引起病原体传播和土地负荷加重；围湖造田和稻秆焚烧引起大气污染、水质下降，危害人体健康。农业面源污染的隐蔽性、分散性和滞后性，使其测度、监管较之点源污染更为困难。

对农业面源污染进行核算的方法主要有三种：一是以化肥农药使用量和农膜使用量作为农业环境污染变量，该方法的数据可得性较强，但由于以上农业投入在不同的生产模式中排污效果差异大，因而不能客观反映污染程度。二是运用养分平衡法理论，测算过剩的 N 总量，但此法忽略了农业面源污染的其他污染元素。三是采用陈敏鹏等（2006）和赖斯芸等（2004）的单元调查评估法测算排污量。该方法通过调查不同的农业污染单元排污量与影响农业面源污染的系数以核算总产污量，但搜集来源不同且持续变动的产排污系数可能影响最终产污量核算的精确性。总体而言，这种方法是目前比较先进的农业面源污染核算方法。本书借鉴该方法进行文献调查，建立农业活动和排污之间的对应关系。

农业面源污染具体核算流程如图 5-1 所示。

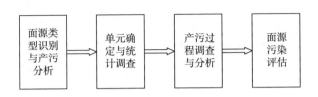

图 5-1　农业面源污染核算流程

农业面源污染核算流程包括以下方面：首先，面源类型识别与产污分析。识别主要的面源污染类型，确定产污单元的调查范围是进行后续评估的基础。传统的种植业和养殖业之间的物质和能力循环被现代农业的专业化、区域化所打破,在"高投入、高产出、高排污"的生产模式下,大量废物不能有效利用,对地下水造成了污染。此外,农村生活中的垃圾污染和污水污染等也对生态环境造成了压力。因此,本书主要聚焦农田化肥、畜禽养殖、农田固体废弃物以及农村生活四种污染源。核算的污染物主要为 TN、TP、COD 三类。其次,单元确定与统计调查。在对农业面源污染源分析、分解的基础上建立调查的基本单元。调查单元是指产生污染物并对面源污染具有一定贡献率的独立单位,已确定的单元是调查统计的对象。再次,产污过程调查与分析。对面源污染物流失情况进行定量分析,是确定单元排放系数取值的基础,主要通过文献调研的方法获取各单元的排放系数。最后,面源污染评估。对各种面源污染物的排放量与排放强度进行估算。

在获取各产污单元的统计指标以及产排污系数后,本书借鉴陈敏鹏等(2006)和赖斯芸等(2004)的思路核算 2002 ~ 2016 年的农业面源污染排放量。核算公式如式(5 - 1)所示。

$$E_j = \sum EU_i \rho_{ij}(1 - \eta_i) C_{ij}(EU_{ij},\ S) = \sum PE_{ij} \rho_{ij}(1 - \eta_i) C_{ij}(EU_{ij},\ S)$$

$$(5 - 1)$$

其中,E_j 为各省份农业污染物 TN、TP、COD 的排放量;EU 为各污染源的指标统计数;ρ_{ij} 为单元 i 污染物 j 的产污强度系数;η_i 为表征相关资源利用效率的系数;PE_{ij} 为污染物 j 的产生量;C_{ij} 为单元 i 污染物 j 的排放量系数,由单元和空间特征 S 决定。本节对东、中、西部地区的划分标准同第四章。

二、面源类型识别和产污单元分析

本节针对表 5 - 1 中四大污染源进行面源类型识别和产污分析。分析 2002 ~ 2016 年全国除港澳台地区外 31 个省份农业面源污染排放量,产污单元数据均来自于 EPS 数据平台。主要产排污系数来自于《第一次全国污染源普查公报》以及各文献。

表 5 – 1　农业面源污染产污单元清单

污染源	单元	调查指标	单位
农田化肥	氮肥、磷肥、复合肥	折纯施用量	万吨
畜禽养殖	猪、牛、羊、家禽	当年出栏量	万吨
农田固体废弃物	油料、豆类、薯类、稻谷、小麦、玉米、蔬菜	总产量	万吨
农村生活	农村人口	总人数	万人

1. 农田化肥污染

农田化肥污染是农业面源污染的重要来源之一。化肥施用量过高、施肥比例不合理和流失严重造成水体富营养化和地下水硝酸盐富集（朱兆良，2006）。化肥中未被利用的 N、P 等养分通过径流、淋溶、反硝化和吸附等方式对环境造成危害。农业种植结构的差异性是造成农田地表径流 N、P 流失强度差异的主要影响因素。不同类型的农业种植结构对营养盐和固体悬浮物等具有不同的截留、运移等功能，进而影响农业面源污染的产生、输出、迁移和转化。N、P 地表径流流失量的顺序为：稻麦水旱轮作 > 蔬菜地 > 油菜—甘薯旱地。

全国化肥施用量和施用强度呈现不断上升的趋势。从 2002 年到 2016 年，全国化肥施用量由 4339.4 万吨上升到 5984.10 万吨，上升幅度达 37.90%，化肥施用强度由 280.62 千克/公顷上升到 361.99 千克/公顷，上升幅度达 29.00%。使用结构上，以 2015 年为例，氮肥施用量最高，达 2361.6 万吨；其次是复合肥，达 2175.7 万吨；磷肥施用量较少，为 843.1 万吨。2015 年，氮肥、磷肥和复合肥施用量中部地区最高，平均施用 266.18 万吨，其次是东部地区为 148.95 万吨，西部地区为 134.42 万吨。

2. 农业畜禽养殖污染

作为农村经济发展的主要途径之一，畜禽养殖不断规模化和集约化。特别是在人口密度高、城市化水平高的地区，在经济驱动下形成了大规模畜禽养殖场。养殖规模扩大导致粪尿排泄量增加，处理不及时且长期堆放

对水体造成污染。畜禽粪便一方面通过饲养过程进入水体，另一方面在堆
放储存过程中因为降雨等原因进入水体，对环境造成威胁。图 5 – 2 为 2002
~ 2016 年全国猪牛羊养殖量。随着农业生产结构的改善和人们消费需求的
变化，猪牛羊的出栏量总体呈上升趋势。

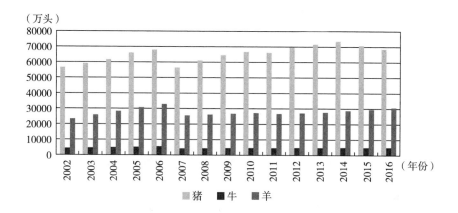

图 5 – 2　2002 ~ 2016 年全国猪牛羊养殖数量

资料来源：EPS 数据平台。

3. 农田固体废弃物污染

农田固体废弃物主要是指农作物秸秆和蔬菜废弃物等农业（生产）垃
圾，其产量与农作物产量及利用率有关。随着人们生活水平的不断提高，
农业生产者逐渐弱化了传统农田固体废弃物的再利用方式，导致大量农作
物秸秆和蔬菜废弃物等随意堆放，其中富含的有机质和氮（TN）、磷（TP）
等养分在雨水冲刷下大量渗漏排入水体，形成农业面源污染。图 5 – 3 显示
了 2002 ~ 2016 年全国主要农作物产量的变化情况。图中各种主要农作物产
量均呈现上升趋势，其中蔬菜产量增幅较大。

4. 农村生活污染

农村生活污染主要包括生活垃圾、洗浴污水、厨房污水和人粪尿所形
成的面源污染。根据王俊起等（2004）的调研可知，农村每人每日垃圾产

生量为 1.19 千克。以前的农村污染数量少且构成简单,生活污染问题并不严重。如今随着农村经济的发展、农民生活水平的提高,大量化学品、工业品等进入农村生活,污染物排放量增大,相关废弃物很难降解,加大了处理难度,对农村生活环境造成了威胁。此外,农村居民居住分散,环保意识弱,生活垃圾多在田间村头随地丢弃,既污染空气又污染水体。

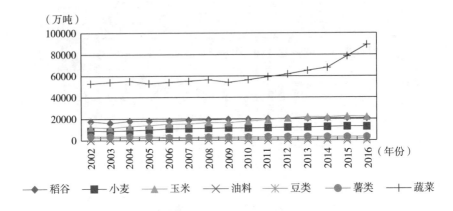

图 5 – 3　2002 ~ 2016 年全国主要农作物产量

资料来源:EPS 数据平台。

三、产污过程调查与面源污染核算

本部分综合各产排污系数对各面源产污过程进行描述并对最终排污量进行核算。

1. 农田化肥污染

本书借鉴段华平等(2009)的计算方法对农用化肥的排污量进行计算。如表 5 – 2 所示,TN 排放量由氮肥和复合肥施用总折纯量与氮肥流失系数乘积可得,TP 排放量由磷肥和复合肥总折纯量与磷肥流失系数乘积可得。其中,磷肥的折纯量是 P_2O_5 的量,需乘以 43.66% 才可得 TP 排放量。复合肥按葛继红等(2010)的做法折算,以 40% 折算 TN,以 32% 折算 P_2O_5,

流失率按赖斯芸等（2004）、段华平等（2009）的核算进行综合平均，取
TN流失系数为11%，TP流失系数为6%。由此可得各地化肥污染总排
放量。

表5－2　农田化肥产污公式

污染元素	产污单元	产污公式
TN	化肥	氮肥量×流失系数＋复合肥量×复合肥含氮量×氮肥流失系数
TP	化肥	磷肥量×流失系数＋复合肥量×复合肥含磷量×磷肥流失系数

注：磷肥的折纯量是P_2O_5，其中P的含量为43.66%。

农田化肥施用排污量最高为中部地区，2002～2016年，各省份TN平均
排放量为45.53万吨，TP平均排放量为13.03万吨。其次是东部地区，同
期各省份TN平均排放量为35.49万吨，TP平均排放量为9.91万吨。西部
地区最少，同期各省份TN平均排放量为18.81万吨，TP平均排放量为
4.94万吨。图5－4展示了各省份2016年施用农田化肥所导致的污染排放
量。其中，河南、山东、安徽三省排放量排前三位。

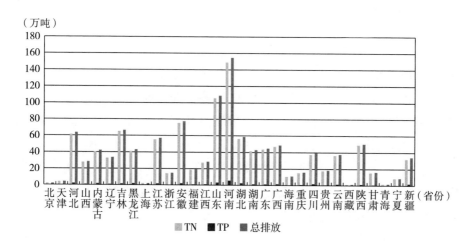

图5－4　2016年31省份农田化肥施用排污量

资料来源：由笔者计算所得。

2. 畜禽养殖污染

通常采用日排污量计算法和年排污量计算法两种方法估算各地区畜禽粪尿 TN、TP、COD 污染物产生量与排放量，日排污量法根据畜禽的饲养周期计算，而年排污量法根据畜禽年存栏数计算（武淑霞，2005）。如表 5－3 所示，本部分借鉴陈敏鹏等（2006）和赖斯芸（2004）的方法根据年排污量法计算排污量，即畜禽年排污量为畜禽当年出栏量/存栏量与年排泄系数、粪尿污染物含量、粪尿污染物流失系数的乘积。相关系数来源于生态环境部和已有研究。

表 5－3　畜禽养殖产污公式

污染元素	产污单元	产污公式
TN	畜禽养殖	猪（牛、羊、家禽）当年出栏量/存栏量×年排泄系数×粪尿污染物含量×粪尿污染物流失系数
TP	畜禽养殖	猪（牛、羊、家禽）当年出栏量/存栏量×年排泄系数×粪尿污染物含量×粪尿污染物流失系数
COD	畜禽养殖	猪（牛、羊、家禽）当年出栏量/存栏量×年排泄系数×粪尿污染物含量×粪尿污染物流失系数

全国 31 省份畜禽养殖污染排放量变化趋势如下：从 2002 年到 2016 年，TN 排放量由 162.93 万吨上升到 205.37 万吨，TP 排放量由 40.56 万吨上升到 52.49 万吨，COD 排放量由 901.01 万吨上升到 1098.59 万吨。东部地区各省份 TN 年平均排放量为 7.22 万吨，TP 年平均排放量为 1.90 万吨，COD 年平均排放量为 39.63 万吨。中部地区各省份 TN 年平均排放量为 7.93 万吨，TP 年平均排放量为 2.02 万吨，COD 年平均排放量为 45.53 万吨。西部地区各省份 TN 年平均排放量为 39.21 万吨，TP 年平均排放量为 0.87 万吨，COD 年平均排放量为 21.28 万吨。

3. 农田固体废弃物污染

如表 5－4 所示，农作物秸秆污染排放量为农作物产量、秸秆粮食比、秸秆 TN/TP/COD 含量、秸秆利用结构与流失系数的乘积。蔬菜废弃物排放量为蔬菜产量、产废率、废弃物 TN/TP/COD 含量与流失系数的乘积。本书采用赖斯芸等（2004）的蔬菜固体废弃物产量比，取蔬菜固体废弃物产废率为 0.51，并根据段华平（2010）的研究取蔬菜的流失系数为 70%。

表 5-4　农田固体废弃物产污公式

污染元素	产污单元	产污公式
TN	农田固体废弃物	稻谷（小麦、玉米、油料、豆类、薯类）产出量 × 秸秆粮食比 × 秸秆氮含量 × 秸秆利用结构 × 流失系数
		蔬菜产出量 × 产废率 × 废弃物氮含量 × 流失系数
TP	农田固体废弃物	稻谷（小麦、玉米、油料、豆类、薯类）产出量 × 秸秆粮食比 × 秸秆磷含量 × 秸秆利用结构 × 流失系数
		蔬菜产出量 × 产废率 × 废弃物磷含量 × 流失系数
COD	农田固体废弃物	稻谷（小麦、玉米、油料、豆类、薯类）产出量 × 秸秆粮食比 × 秸秆 COD 含量 × 秸秆利用结构 × 流失系数

2002~2016 年，在农田固体废弃物污染排放中，TN 排放量由 34.31 万吨上升到 48.42 万吨，TP 排放量由 19.06 万吨上升到 31.75 万吨，COD 排放量由 220.00 万吨上升到 363.13 万吨。东部地区各省份 TN 平均排放量为 1.08 万吨，TP 平均排放量为 0.90 万吨，COD 平均排放量为 10.37 万吨。中部地区各省份 TN 平均排放量为 2.18 万吨，TP 平均排放量为 0.85 万吨，COD 平均排放量为 9.80 万吨。西部地区各省份 TN 平均排放量为 0.84 万吨，TP 平均排放量为 0.40 万吨，COD 平均排放量为 4.55 万吨。

4. 农村生活污染

如表 5-5 所示，农村生活污染排放为农村人口数量、每日每人生活污水污染物排污系数与一年天数的乘积。此处，参考赖斯芸等（2004）的研究，对农村生活污水（厨房污水、洗浴污水、厕所污水）污染物 TN、TP、COD 系数分别取 4.23 克/天·人、0.3 克/天·人、14.09 克/天·人。

表5－5　农村生活产污公式

污染元素	产污单元	产污公式
TN	生活污染	农村人口×生活污水污染物 TN 排污系数×365
TP	生活污染	农村人口×生活污水污染物 TP 排污系数×365
COD	生活污染	农村人口×生活污水污染物 COD 排污系数×365

核算结果显示，农村生活污染排放量由 2002 年的 635.47 万吨下降到 2016 年的 395.48 万吨。其中，TN 排放量由 2002 年的 144.36 万吨下降到 2016 年的 89.84 万吨，TP 排放量由 2002 年的 10.24 万吨下降到 2016 年的 6.37 万吨，COD 排放量由 2002 年的 480.87 万吨下降到 2016 年的 299.27 万吨。2002～2016 年，中部地区各省份年均排放量最高，为 21.43 万吨；其次是东部地区，各省份年均排放量为 15.67 万吨；西部地区各省份年均排放量最低，为 13.13 万吨。如图 5－5 所示，2016 年农村生活污染最严重的三省为河南、四川和山东。

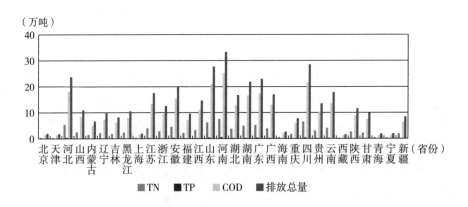

图5－5　2016 年全国各省份农村生活排污量

资料来源：由笔者计算所得。

四、农业面源污染的变化趋势、污染源以及区域差异

根据上文的分析和测算结果，本部分对农业面源污染的变化趋势、污

染源以及区域差异进行分析。

1. 中国农业面源污染排放总量的变化趋势

如图 5-6 所示，全国农业面源污染排放 2002~2016 年呈上升趋势。TN 排放量由 2002 年的 995.23 万吨增加到 2016 年的 1480.66 万吨，TP 排放量由 2002 年的 97.25 万吨增加到 2016 年的 130.86 万吨，COD 排放量由 2002 年的 1601.87 万吨增加到 2016 年的 1760.92 万吨。2016 年，TN 排放量占总排放量的 43.90%，TP 排放量占总排放量的 3.88%，COD 排放量占总排放量的 52.21%。

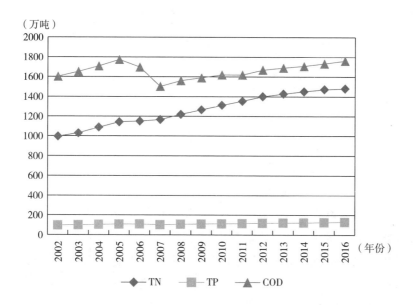

图 5-6　2002~2016 年中国农业面源污染排放量

资料来源：由笔者计算所得。

2. 中国农业面源污染排放的污染源差异

2002~2016 年，全国年均农田化肥污染总量达 953.42 万吨，畜禽养殖污染总量达 1266.35 万吨，蔬菜固体废弃物污染总量达 317.11 万吨，农村人口污染总量达 497.93 万吨。由图 5-7 可知，蔬菜固体废弃物污染占总污染比重的10%，农村人口污染总值占总污染比重的15%，化肥污染占总污染比重的36%，畜禽养殖污染占总污染比重的39%。由此可知，畜禽养殖污染和农田化肥污染是产生农业面源污染的主要因素。

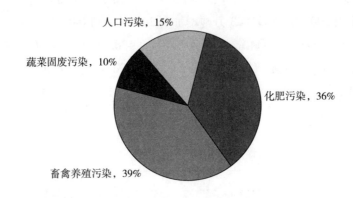

人口污染，15%

蔬菜固废污染，10%

化肥污染，36%

畜禽养殖污染，39%

图 5 -7　全国各污染源污染排放量占比

资料来源：由笔者计算所得。

3. 中国农业面源污染排放的地区差异

中国各地农业面源污染因地区农业结构不同而呈现不同特征。农业面源污染年均排放量测算结果如图 5 - 8 所示。由图可知全国以及东中西部地区 2002 ~ 2016 年年均 TN、TP、COD 的排放量。从区域上来看，农业面源污染的排放量在空间上以中部地区最为严重，其次是东部地区。其中，农业大省的农业面源污染严重，且存在明显的集聚趋势和极化现象。山东、河南、四川、河北、湖南污染排放严重，其排放量占全国排放量的 39.79%。上海，北京、天津、宁夏、青海等地污染排放量较轻，其排放量占全国排放量的 2.47%。进一步分析农业面源污染的区域差异可知，三大区域的农业面源污染来源呈现差别。首先，东部地区的主要污染源为农田化肥和畜禽养殖污染，两者对 TN、TP、COD 排污总量的贡献率分别为 46.57%、80.23%，畜禽养殖污染强度高于农田化肥污染强度。其次，中部地区的主要污染源为农田化肥和畜禽养殖，两者对 TN、TP、COD 排污总量的贡献率分别为 76.59%、47.84%，农田化肥污染强度高于畜禽养殖污染强度。最后，西部地区的主要污染源也是农田化肥和畜禽养殖污染，两者对 TN、TP、COD 排污总量的贡献率分别为 20.28%、56.78%，畜禽养殖污染强度高于农田化肥污染强度。

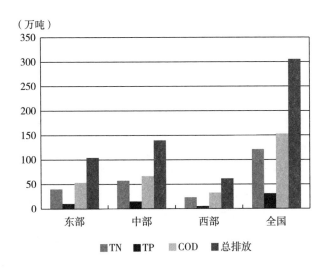

图 5 - 8   2002 ~ 2016 年全国以及东中西部地区污染物年均排放量

资料来源：由笔者计算所得。

根据陈敏鹏等（2006）和赖斯芸等（2004）的单元调查评估法，结合各污染单元的产污和排污系数，对农业面源污染的污染排放量进行测算并分析其特征和趋势，主要研究结论如下：四大污染源中，农田化肥、农田固体废弃物、畜禽养殖排污量都呈现逐年升高的趋势，只有农村生活污染由于农村人口的减少呈现下降趋势，且其占农业面源污染总量的比重在逐年下降。其中，农田化肥和畜禽养殖排污是农业面源污染的主要来源。从区域差异来看，农业面源污染排放区域集中度高。山东、河南、四川、河北、湖南污染排放量高。中部地区是中国主要的粮食产区，种植业复种指数高，规模化养殖相对发展较快，污染排放量较大。东部地区沿海省份城市化发展迅速，农民收入水平和农业集约化程度高，降水量大，农业面源污染容易扩散。西部地区农业集约化程度低，降水量少，以养殖业为主，农地面积广，农业面源污染排放量较少。

第二节　农业 TFP 的测算与分解

本节首先介绍农业 TFP 的内涵和外延，在此基础上利用 DEA – Malmquist 指数法测算各省份农业 TFP 并分析其时间变化趋势和地区差异。

一、TFP 的界定与分解

TFP 作为衡量技术进步效果的主流经济学指标，其基础理论研究已相当成熟。在分析传统经济增长源泉时，学者发现除去土地、资本和劳动力等生产要素之外，还有一些因素也对最终产出起到了决定作用，如新技术的引入、组织管理制度的创新、规模经济效应等。TFP 就是用以衡量以上在传统生产要素之外的其他因素对产出增加贡献的总和，它表征的是产出增长率超出要素投入增长率的部分，是经济增长中不能由要素投入增长解释的部分，新古典经济学派称之为"纯技术进步率"。作为一个有效考核生产能力和资源利用程度的指标，TFP 既可以用以评价宏观经济体，又可以作为衡量具体行业或者组织的绩效，对经济增长的可持续发展具有重要意义。

传统的单要素生产率通常只关注一种生产要素，如劳动、土地或资本与产出之比，并不能客观而真实地反映整体生产率的提高。生产中对各种要素交叉使用，某种生产要素的节约可能是以其他生产要素的付出为代价。单生产要素的生产效率只能反映某种要素的利用情况，不能体现整体生产率的提高。不同于单要素生产率，TFP 反映的不仅是某单一要素的产出贡献，而且能较为全面系统地体现各种要素组合的综合贡献，因而被广泛应用于衡量技术进步的效果。在增长源泉的研究中，推动经济体进步发展的因素除物质资本投资外，还有人力资本、技术创新、制度变迁、规模经济等各种已经被识别和部分尚未被识别的潜在因素。TFP 在理论上将以上因素全部纳入分析框架，在实践上以生产函数的数学形式为出发点，利用各种测算方法和加权规制获得可以量化和比较的具体结果。TFP 的主流测算方法有参数法和非参数法，其中参数法包括索洛余值法、隐性变量法和 SFA 法。其中索洛余值法是基于 C－D 生产函数以残差的形式测量 TFP，对 TFP 的测算做出了开拓性的贡献。根据 C－D 生产函数，假设生产中只投入了 K 和 L 两种生产要素，则有：

$$Q = AL^a K^b \tag{5-2}$$

其中，Q 代表产量，L 与 K 代表劳动力与资本投入量，a、b 分别代表劳动资本的产出弹性系数，而 A 代表了劳动资本投入要素之外的其他驱动产量增加的因素，有可能是微观层面生产实体的技术进步、组织管理方式的变化，也可能是宏观层面的制度变革、政策调整等因素。而索洛余值法通过对其取自然对数并移项后得到式（5－3）。

$$\frac{\Delta A}{A} = \frac{\Delta Y}{Y} - a\frac{\Delta K}{K} - b\frac{\Delta L}{L} \tag{5-3}$$

其中，$\frac{\Delta A}{A}$ 表示 TFP 的增长率，$\frac{\Delta Y}{Y}$ 表示产出的增长率，$\frac{\Delta K}{K}$ 表示资本产出的增长率，$\frac{\Delta L}{L}$ 表示劳动力产出的增长率。余值法的思想就是总增长率扣除各生产要素生产增长率的余值以度量 TFP 的增长率。

TFP 变动的决定因素包括技术效率和技术进步率。技术效率的增长主要取决于微观层面上的要素配置是否合理、生产规模是否达到最佳状况，以及宏观层面上的制度和政策因素如何作用于生产者。技术进步率的增长则取决于要素质量的提高和知识进步等因素。图 5－9 从几何角度对 TFP 进行介绍和分解。

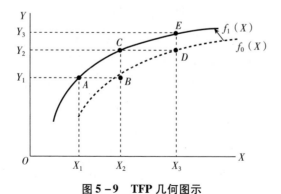

图 5－9 TFP 几何图示

假定所有投入可能性集合为 X，所有产出可能性集合为 Y，且假定 $Y=f$ (X) 是在现有技术水平下的生产可能性曲线，即生产前沿面。横轴代表农业投入要素，纵轴代表农业产出。f_0 (X) 和 f_1 (X) 分别代表较低的生产前沿面和较高的生产前沿面。A、C、E 点位于 f_1 (X) 之上，而 B、D 点位于 f_0 (X) 之上。当生产投入为 X_2 时，若处于较高的生产前沿面上，则实际产出为 OY_2，但是位于 f_0 (X) 曲线上的 B 点意味着实际产出为 OY_1。f_0 (X) 向 f_1 (X) 移动则代表着生产前沿面的推进，以技术进步率进行衡量，代表技术进步程度。OY_1/OY_2 表征实际产出和最优产出之比，以技术效率进行衡量，代表对生产前沿面的追赶（邓宗兵，2010）。同在 f_1 (X) 生产前沿面上，E 相对于 C 又对应着更高的产量水平。从技术进步率和技术效率两个角度来理解 TFP 具有重要的政策意义。要推动 TFP 的增长，一方面需要引进新技术，另一方面也要注重提升现有技术的使用效率，挖掘现有生产要素的使用潜力。

中国农业经济增长是如何实现的？首先，在农业发展的初级阶段，农业的增长主要依赖于土地、劳动力、役畜的大量投入。随着农业现代化进程的加速，化肥、农药、农膜和农业机械等生产要素也被广泛使用于农业生产中。其次，农业技术的进步，如测土配方、生态农业等理念引入生产，集约型的生产方式逐渐取代粗放型的生产方式并助力投入产出比的上升。最后，农业和农村制度的改革也是推动农业增长的重要引擎。家庭联产承包责任制、农村土地制度、农产品价格管理制度、农村金融信贷制度、农村流通体系等都产生了一系列的连锁反应，改变了农业生产者的个体行为，优化了农业生产组织形式，提高了生产率。

虽然农业在国民经济中的贡献率下降，但是由于其特殊的战略地位，学者们依然就其可持续发展和变革等问题做出大量研究。吴方卫、应瑞瑶（2000）对中国 1952~1997 年各阶段农业增长的源泉进行探讨分析，发现农业 TFP 对农业增长的贡献率具有明显的阶段性，且农业 TFP 的贡献率与农业经营制度和产权制度密切相关。Gong（2018）通过对 1978~2015 年农业 TFP 的测算得出结论，农业 TFP 与要素投入在不同的时期引导农业的持续增长。郭海红、张在旭（2018）在探讨改革开放以来中国农业发展动能的过程中发现，虽然农业经营制度、科技体制和农产品流通体制有了长足的进步，但是农业发展模式仍然主要依靠要素驱动，农业 TFP 的贡献率仅仅达到40%左右。从以上研究结论可知，中国农业的增长还是以要素投入主导的粗放型增长。近年农业 TFP 虽然也有一定的增长，但是并未发挥决定性作用。未来应进一步发挥技术进步和制度变革的作用，使农业 TFP 增长成为农业经济增长的源泉。

二、农业 TFP 的测算方法

随着以 TFP 为代表的技术进步理论研究的不断展开，学者们开始探索如何测算分析进而提升 TFP 的方法。反映技术进步的前沿面生产函数模型逐渐被分为参数法和非参数法，并仍在克服方法本身缺点的过程中不断改进。参数法以 Aigner 和 Lovell（1977）提出的 SFA 方法为代表。非参数研究法以 DEA 方法为代表。Fare 等（1994）对该方法进行可变规模报酬与 Malmquist 指数方向延伸。具体而言，SFA 的参数法实证模型原理是在确定性前沿面生产函数的基础上，提出了复合扰动项概念，将随机扰动项分为不可观测与控制的随机误差项与由于可观测的可控因素引发的非效率的技术损失误差项。基于 DEA 模型的非参数分析方法，其原理是构造一个包含所有生产方式的最小生产可能性集合，据此确定最优要素投入与要素投入冗余，进而计算其效率。尽管这种方法无法精确测量各类要素对产出与技术效率的作用，但是对样本量要求不高，在实证比较技术进步效果时的适应性较强。另外，在分析期望产出和非期望产出时，DEA 模型能根据研究需要结合各种距离函数进行改进与深入测算。表 5 - 6 对两种方法进行了比较分析。

表 5 - 6　DEA 方法与 SFA 方法的比较

	DEA	SFA
前沿面	使用共有前沿面，忽略样本间的具体误差，将不可控因素都归为非效率	使用随机前沿面，能区分统计误差项和管理误差项
生产函数	无须假设生产者行为，不必确定生产函数，有投入产出观测值即可	必须对生产函数的具体形式和技术非效率项的分布形式进行假设

农产品国际贸易与农业绿色全要素生产率

续表

	DEA	SFA
使用方法	以线性规划方法看待效率差异，不可检验	以概率分布的观点看待效率差异，可以对模型和参数进行检验
对数据量的要求	投入产出指标数若大幅度超过观测值个数，会出现自我识别问题	自由度越大，效果越佳

DEA 方法不必确定生产函数，只要确定投入产出的观察值，也不必对生产者行为进行假设和限制，可以评价单投入单产出，也可以评价多投入多产出，并且可以避开各要素度量单位差异等问题，适合于对农业经济增长状况和农业技术进步进行评价，因此本书基于非参数的 DEA - malmquist 指数法测算 Mi 指数衡量各地区的 TFP。Mi 指数是指对有效投入 x、产出 y 的情形，从 t 时期到 $t+1$ 时期 TFP 变动的刻画，如式（5-4）所示。

$$M_{iu}^t = D_i^t(x^t, y^t)/D_i^t(x^{t+1}, y^{t+1}) \qquad (5-4)$$

对式（5-4）进一步分解得到式（5-5）。式（5-5）中的 Mi 指数是通过分别测算 t 时期和 $t+1$ 时期的距离函数 $D(x, y)$ 得到的，即 $M_i^t = D_i^t(x^t, y^t)/D_i^t(x^{t+1}, y^{t+1})$。其中距离函数 $D(x, y)$ 表示某一生产点 (x^t, y^t) 向理想的最小投入点压缩的比例，也就是技术效率。当且仅当 $D_i^t(x^t, y^t) = 1$ 时，(x^t, y^t) 在生产前沿面上，生产在技术上是有效率的。如果 $D_i^t(x^t, y^t) > 1$，那么生产在技术上是无效率的。根据 Caves 等（1982）、Fare 等（1994）对 Mi 指数的发展，从 t 时期到 $t+1$ 时期的 TFP 变动由两个 Mi 指数的几何平均求得，如式（5-5）所示。

$$\begin{aligned} M_i(x^{t+1}, y^{t+1}; x^t, y^t) &= \left\{ \left[\frac{D_i^t(x^t, y^t)}{D_i^t(x^{t+1}, y^{t+1})} \right] \left[\frac{D_i^{t+1}(x^t, y^t)}{D_i^{t+1}(x^{t+1}, y^{t+1})} \right] \right\}^{1/2} \\ &= EC(x^{t+1}, y^{t+1}; x^t, y^t) \times TC(x^{t+1}, y^{t+1}; x^t, y^t) \\ &= PC(x^{t+1}, y^{t+1}; x^t, y^t) SC(x^{t+1}, y^{t+1}; x^t, y^t) TC(x^{t+1}, y^{t+1}; x^t, y^t) \end{aligned}$$
$$(5-5)$$

式（5-5）即为计算和分解 Mi 指数的最终公式。根据该式，Mi 指数可以分解为技术效率变动指数 EC 和技术进步率指数 TC 的乘积，其中技术效率 EC 衡量各测算单位向技术前沿靠拢的程度，是生产率短期变动的来源，

技术进步率 *TC* 衡量整个技术前沿向前推移的程度，是生产率长期变动的来源。而 *EC* 可以进一步分解为 *PC* 和 *SC* 的乘积，其中 *PC* 表示各测算单位的纯技术效率，*SC* 表示各测算单位的规模效率。如果 *Mi* 指数及各分解项为 1，那么不存在效率变动；如果指数大于 1，则存在效率进步，反之效率下降。

三、变量选取和数据来源

利用 DEA – Malmquist 指数法测算 TFP，不受生产函数形式以及投入产出不同量纲的限制，且能将 TFP 解构为技术进步效率（TC）、技术效率（EC）、规模效率（SC）、纯技术效率（PC）四部分，从而进一步分析 TFP 的内在驱动因素，因此本书使用该方法对农业 TFP 进行测算。本节在进行农业 TFP 测度时，选取全国 30 个省份（考虑到数据的可获得性和平稳性，不包括西藏、香港、澳门和台湾）2002～2016 年的数据进行实证研究。分析所用数据来自于《中国农业统计年鉴》、各省份统计年鉴和 EPS 数据平台。本节对东、中、西部地区的划分方式同第四章。

本节以农、林、牧、渔业总产值作为产出变量，并利用第一产业增加值指数（2002 年 = 100）对其进行处理以剔除价格因素的影响。参照已有研究，选取的投入变量为与农业生产有密切联系的农用机械总动力、化肥施用量、农作物播种面积及第一产业从业人数。第一产业增加值、农用机械总动力、化肥施用量、农作物播种面积、农用役畜数量及第一产业从业人数分别用 GDP、Mach、Chem、Land、Cattle 和 Labor 表示，六个变量的描述性统计如表 5 – 7 所示。

表 5 – 7　变量的描述性统计

变量	单位	观测值	均值	方差	最小值	最大值
GDP	亿元	450	1471.26	1131.93	65.50	5409.56
Mach	万千瓦	450	2839.72	2735.26	95.30	13353
Chem	万吨	450	177.29	138.85	6.60	716.10
Land	千公顷	450	5294.38	3551.41	151.40	14472.30

变量	单位	观测值	均值	方差	最小值	最大值
Cattle	万头	450	388.63	316.63	1.23	1512.83
Labor	万人	450	990.03	712.95	36.35	3403.60

四、农业 TFP 的测算结果分析

本部分运用 DEAP2.1 软件测算农业 Malmquist 指数，得到 30 省 2002 ~ 2016 年农业 TFP 以及分解值，如表 5 - 8 所示。

表 5 - 8　2002 ~ 2016 年全国 30 省的 TFP 以及分解值

年份	技术效率	技术进步率	纯技术效率	规模效率	TFP
2002	1.000	1.000	1.000	1.000	1.000
2003	0.920	1.133	1.008	0.913	1.042
2004	0.971	1.119	1.005	0.966	1.086
2005	0.926	1.084	0.955	0.969	1.003
2006	1.002	1.012	0.977	1.026	1.014
2007	0.982	1.088	1.006	0.977	1.068
2008	1.007	1.087	1.002	1.004	1.094
2009	0.930	1.064	0.986	0.942	0.990
2010	0.968	1.123	0.988	0.980	1.000
2011	0.998	1.108	0.966	1.033	1.106
2012	0.981	1.055	0.990	0.991	1.035
2013	0.963	1.085	0.991	0.972	1.044
2014	0.975	1.044	0.991	0.983	1.018
2015	0.971	1.043	0.966	1.005	1.013
2016	0.963	1.083	0.976	0.987	1.043
均值	0.968	1.080	0.986	0.982	1.045

由表 5 - 8 可知，农业 TFP 均值为 1.045，说明其平均增长率为 4.50%。

其中，技术进步的平均增长率为 8%，而技术效率的增长率则下降了
3.20%，意味着 TFP 增长的主要驱动力是技术进步而非技术效率的提升。
该测算结果和大部分已有研究结果保持一致。由技术效率分解的规模效率
和纯技术效率可知，规模效率的增长率下降了 1.80%，而纯技术效率的增
长率下降了 1.40%。其中，2009 年的 TFP 呈现下降趋势，其他年份 TFP 均
呈现上升趋势。2008 年和 2011 年的 TFP 增长幅度较高。农业 TFP 的增长主
要是由于技术前沿面的推动而非对技术前沿面的追赶效应引致。这意味着
中国农业 TFP 的增长是由纵向增长所拉动的，而横向增长的牵引效应不足。
"最佳实践者"的生产前沿面向外推进并拉动了 TFP 的增长表明中国农业发
展主要依托于对技术的研发和引进。生产前沿面内对"最佳实践者"的学
习和追赶效应不足，表明现有资源并未得到充分利用。随着政府、行业和
生产者个体对农业技术的重视，农业科研与技术创新体系已经逐步形成，
在引进和研发新技术方面也有诸多进步，但是在生产管理、组织经营方式
以及合理配置资源方面还有待改良。应进一步挖掘已有的生产潜力，充分
利用已有的生产条件，通过制度创新等推动生产率的增长。

表 5-9 体现了各省份 2002~2016 年的年均 TFP 及其分解值。30 个省
份农业 TFP 平均增长率为 4.5%，各省份农业 TFP 均呈现上升趋势。

表 5-9　2002~2016 年各省份的 TFP 以及分解值

省份	技术效率	技术进步率	纯技术效率	规模效率	TFP
北京	1.000	1.084	1.000	1.000	1.084
天津	0.981	1.060	0.987	0.994	1.040
河北	0.971	1.070	0.977	0.994	1.039
山西	0.967	1.085	0.998	0.969	1.049
内蒙古	0.951	1.060	0.967	0.984	1.008
辽宁	0.955	1.081	0.985	0.971	1.033
吉林	0.965	1.089	0.962	1.002	1.051
黑龙江	0.978	1.057	0.996	0.982	1.033
上海	1.000	1.077	1.000	1.000	1.077
江苏	1.009	1.059	1.000	1.009	1.068
浙江	0.979	1.079	1.000	0.979	1.057

续表

省份	技术效率	技术进步率	纯技术效率	规模效率	TFP
安徽	0.967	1.081	0.991	0.975	1.045
福建	0.983	1.086	1.000	0.983	1.067
江西	0.948	1.088	0.974	0.973	1.031
山东	0.981	1.069	1.000	0.981	1.048
河南	0.957	1.077	0.960	0.997	1.031
湖北	0.969	1.083	0.993	0.976	1.049
湖南	0.962	1.086	1.011	0.951	1.044
广东	0.975	1.084	1.000	0.975	1.056
广西	0.961	1.087	0.983	0.978	1.045
海南	0.940	1.089	0.951	0.989	1.023
重庆	0.951	1.089	0.982	0.968	1.036
四川	0.962	1.090	1.009	0.953	1.048
贵州	0.979	1.089	1.012	0.967	1.066
云南	0.926	1.091	0.954	0.971	1.010
陕西	0.972	1.085	1.002	0.971	1.055
甘肃	0.957	1.084	0.979	0.978	1.037
青海	0.978	1.079	1.000	0.978	1.055
宁夏	0.960	1.078	0.951	1.009	1.035
新疆	0.958	1.087	0.963	0.995	1.041
均值	0.968	1.080	0.986	0.982	1.045

由表5-9可知农业 TFP 的省份差异。其中,北京、上海、江苏、福建的农业 TFP 较高,其增长率分别为8.40%、7.70%、6.80% 和6.70%。而江西、海南、云南和内蒙古的农业 TFP 较低,增长率分别为 3.10%、2.30%、1.00% 和0.80%。从技术效率来分析,江苏、北京、上海、福建的技术效率较高,而内蒙古、江西、海南、云南的技术效率较低。从技术进步率来分析,云南、四川、贵州、吉林的技术进步率较高,而天津、内蒙古、江苏、黑龙江的技术进步率较低。

为了更进一步分析农业 TFP 的区域差异,以下就东中西部各省份的农业 TFP 分别进行分析。表 5 - 10、表 5 - 11、表 5 - 12 分别为东、中、西部 2002~2016 年各省份的农业 TFP 以及分解值。

表 5 - 10 2002~2016 年东部各省份的 TFP 以及分解值

省份	技术效率	技术进步率	纯技术效率	规模效率	TFP
北京	1.000	1.084	1.000	1.000	1.084
上海	1.000	1.077	1.000	1.000	1.077
江苏	1.009	1.059	1.000	1.009	1.068
福建	0.983	1.086	1.000	0.983	1.067
浙江	0.979	1.079	1.000	0.979	1.057
广东	0.975	1.084	1.000	0.975	1.056
山东	0.981	1.069	1.000	0.981	1.048
广西	0.961	1.087	0.983	0.978	1.045
天津	0.981	1.06	0.987	0.994	1.040
河北	0.971	1.07	0.977	0.994	1.039
辽宁	0.955	1.081	0.985	0.971	1.033
海南	0.940	1.089	0.951	0.989	1.023
均值	0.971	1.078	0.987	0.984	1.047

表 5 - 11 2002~2016 年中部各省份的 TFP 以及分解值

省份	技术效率	技术进步率	纯技术效率	规模效率	TFP
吉林	0.965	1.089	0.962	1.002	1.051
山西	0.967	1.085	0.998	0.969	1.049
湖北	0.969	1.083	0.993	0.976	1.049
安徽	0.967	1.081	0.991	0.975	1.045
湖南	0.962	1.086	1.011	0.951	1.044
黑龙江	0.978	1.057	0.996	0.982	1.033
江西	0.948	1.088	0.974	0.973	1.031
河南	0.957	1.077	0.96	0.997	1.031
内蒙古	0.951	1.06	0.967	0.984	1.008
均值	0.968	1.078	0.988	0.980	1.044

表 5 - 12　2002 ~ 2016 年西部各省份的 TFP 以及分解值

省份	技术效率	技术进步率	纯技术效率	规模效率	TFP
贵州	0.979	1.089	1.012	0.967	1.066
陕西	0.972	1.085	1.002	0.971	1.055
青海	0.978	1.079	1.000	0.978	1.055
四川	0.962	1.09	1.009	0.953	1.048
新疆	0.958	1.087	0.963	0.995	1.041
甘肃	0.957	1.084	0.979	0.978	1.037
重庆	0.951	1.089	0.982	0.968	1.036
宁夏	0.96	1.078	0.951	1.009	1.035
云南	0.926	1.091	0.954	0.971	1.010
均值	0.960	1.086	0.984	0.977	1.043

　　东部各省份农业 TFP 平均增长率为 4.67%，其中技术效率下降 2.86%，技术进步率增长 7.77%。纯技术效率下降 1.26%，规模效率下降 1.61%。其中，TFP 增长率较高的省份为北京、上海和江苏。北京和上海的技术效率保持不变，以技术进步率驱动 TFP 增长，而江苏实现了技术效率和技术进步率的双驱动增长。其他省份的技术效率均下降。河北，辽宁和海南的 TFP 增长率较低。

　　中部各省份的农业 TFP 平均增长率为 4.36%，其中技术效率下降 3.17%，技术进步率上升 7.81%。纯技术效率和规模效率分别下降 1.19% 和 2.01%。其中，TFP 增长率较高的省份为吉林、山西和湖北。TFP 增长率较低的省份为江西、河南和内蒙古。中部所有省份都是技术进步驱动型的增长，在技术效率上均呈现下降趋势。

　　西部各省份的农业 TFP 平均增长率为 4.26%，其中技术效率下降 3.97%，技术进步率上升 8.58%。纯技术效率和规模效率分别下降 1.64% 和 2.33%。其中，TFP 增长率较高的省份为贵州、陕西和青海，TFP 增长率较低的省份为重庆、宁夏和云南。与中部省份类似，西部省份也全部为技术进步驱动型的增长。

　　总体而言，东、中、西部地区农业 2002 ~ 2016 年 TFP 均值分别为 1.047、1.044 和 1.043，呈现递减趋势。该测算结果与已有研究基本保持一致。结合较早的研究可知，虽然东中西部 TFP 仍呈现由高到低的梯度，但是东部和中部的差距已经缩小。这与近年国家重视中部农业大省的发展有着密切关系。同时，西部虽然 TFP 较东中部低，但是在国家西部大开发等政策的引导下，较 2000 年之前也有了大幅的进步。

第三节　农业绿色 TFP 的测算与分解

对农业 TFP 进行测算，如果遗漏了重要的投入和产出变量，将对 TFP 的测算结果产生显著的影响。已有研究表明，部分学者在测度农业 TFP 时忽略了资源和环境要素，选择的投入变量包括农业劳动力、农村固定投资、农药化肥投入量、农用机械总动力、农用役畜等，产出变量则大多选择农、林、牧、渔业生产总值或农、林、牧、渔、业增加值或农、林、牧、渔、业产量，却未能将农业面源污染产生的 TN、TP、COD 等纳入测算范围。事实上，中国农业在快速发展的同时也面临较为严峻的环境污染问题。农业环境污染不仅影响了已有的生产要素和资源投入的产出率，还产生了一系列的治理问题，从而产生了经济成本和社会成本。无论是从投入还是从产出的角度，农业环境污染都不应被忽视，否则测算出的农业 TFP 会存在偏误。而农业绿色 TFP 就是在环境资源约束视角下分析农业 TFP，在投入要素中囊括了化肥等各种可能引起环境污染的生产要素，而在产出中也纳入了农业环境污染因素，从而能够对经济增长质量做出更为客观和全面的评价。本节首先对农业绿色 TFP 的测算方法进行探讨，在此基础上，选取相关指标测算绿色技术效率和绿色 TFP 并进行比较分析。

一、环境污染在生产率测算中的处理

环境污染成本难以进入生产率分析和测算的主要原因之一是市场难以定价，因而往往被相关研究所忽视。如前所述，DEA 无须对生产者行为进行相关假设，不必确定生产前沿面的显性函数表达式，只需要有投入产出的观察值即可，也可避开单价和单位难以统一等问题。若污染只能作为产出变量进入传统 DEA 模型，测算结果极可能对生产率做出虚高的判断。因此，研究者必须寻找新的处理方法以分析包含非期望产出的生产率问题。目前，已有研究对包含环境污染的生产率进行测算，主要区分体现在对环境污染指标的选取与处理以及环境生产率的测算方法上。本节分别对这两方面进行阐述。

1. 环境污染指标的选取

一方面，部分学者将环境污染指标作为投入要素。如 Hailu 和 Veeman（2001），郑宝华、谢忠秋（2011），陈诗一（2009）把环境污染物作为投入要素。他们把环境污染物看作一种可以促进经济增长的生态资本。污染排放的增加实际增加了经济社会总资本投入，最终导致经济总量下滑。以上将污染物当作投入来处理的方法扭曲了实际生产过程，违背了真实的投入产出关系，对效率评价存在偏误。另一方面，将污染排放作为非期望产出进入模型。部分学者选择用单污染排放物进行衡量，如 CO_2、SO_2，以及多污染排放物如废气、废水、固体废弃物等工业"三废"，或采用熵值法对环境污染指标进行整合估算（马大来，2015；王佳、于维洋，2015；韩晶，2012；丁黎黎等，2015）。总体而言，对污染排放指标进行全面合理的度量和测算是客观评价环境效率的前提。

2. 环境效率的测算方法

目前主要采用曲线测度评价法、数据转换函数处理法以及方向性距离函数法三种方法测算环境效率。

曲线测度评价法。曲线测度是 Fare 等（1989）提出的一种非线性的环境生产率评价方法，是以径向测度来分析期望产出的效率。曲线测度评价法以径向测度分析产出效率，实际是用其倒数（曲线）测度来衡量环境污染等非期望产出的生产率，从而达到减少非期望产出和增加期望产出的目的。该方法基于环境污染可处置性的强弱区分不同的产出模型。强可处置性指生产过程中的污染排放能够自由处置，不必以牺牲期望产出为代价。弱可处置性则是指决策单元采取措施减排时需要付出一定代价。该方法能够在提高期望产出的同时降低或减少非期望产出环境污染，并能够较客观地度量环境生产率，同时也与实际生产过程相契合。然而，作为一种非线性规划的生产率评价方法，该方法求解较为困难，无法保证解的精确性，从而使其应用受到一定的限制。

数据转换函数处理法。数据转换函数法仍然是将污染视作产出，但将非期望产出转化为期望产出，再将期望产出进入模型进行分析测度。目前常用的三种转换函数处理法为负产出转换法、线性数据转换法以及非线性数据转换法。负产出转换法是将非期望产出乘以一个负值而将其转化为正值。该方法虽然较好地使非期望产出进入评价模型，但是加入了规模报酬可变的条件。若放松该条件，可能无解。此外，投入产出数据为负数不符合效率评价的基本要求。因此，实际中这种方法的运用并不多见。线性数据转换法是通过一个线性的数据转换函数将非期望产出转化为期望产出，将得到的期望产出添加到传统的 DEA 模型中进行评价。该方法在 DEA 的 CCR 模型中无法进行有效分类，使用上受限。非线性数据转换法是通过数据转化函数将非期望产出转化为一个尽可能大的期望产出。该方法虽然能够较好地区分环境生产率的差异，但该方法与现实的生产相悖，测算结果不准确。

方向性距离函数法。在 Sherphard（1970）距离函数的基础上，Chung 等（1997）提出方向性距离函数并用于评价环境效率。该方法设定期望产出增加、非期望产出减少，将环境污染和生产率置于同一分析框架中，由于其回避了不同决策单元的度量差异问题，在实际中得以广泛应用。方向性距离函数的建立首先需要构造一个既包含期望产出，又包含非期望产出的生产可能性集，即环境技术函数。环境技术函数如式（5-6）所示。

$$P(x) = \{(y, u): x\}, x \in R^N \qquad (5-6)$$

其中，x 表示 N 种投入，$x = (x_1, x_2, x_3, \cdots, x_n)$；$y$ 表示 M 种期望产出，$y = (y_1, y_2, y_3, \cdots, y_m)$；$u$ 表示 I 种非期望产出，$u = (u_1, u_2, u_3, \cdots, u_i)$。环境技术具有以下特征：投入和期望产出具有可自由处置性，期望产出和非期望产出具有弱可处置性，非期望产出的减少是要付出代价的，期望产出和非期望产出的零结合性。环境技术进入 DEA 模型，则决策单元的环境生产率评价模型如式（5-7）所示。

$$P^t(x^t)\begin{cases} \sum_{k=1}^{K} z_k^t u_{ki}^t = u_i^t, i = 1,2,\cdots,I; z_k^t \geqslant 0, k = 1,2,\cdots,K \\ (y^t, u^t): \sum_{k=1}^{K} z_k^t x_{kn}^t \leqslant x_n^t, n = 1,2,\cdots,N; \\ \sum_{k=1}^{K} z_k^t y_{km}^t \geqslant y_m^t, m = 1,2,\cdots,M \end{cases} \quad (5-7)$$

其中，x 表示投入，y 表示期望产出，u 表示非期望产出，z 表示构造环境技术结构时的权重。生产单位 $k=1$，$\cdots$，K。尽管环境技术的构造有利于概念的解释，但是却无助于计算，为了计算考虑环境污染下的生产率，需要引入方向性距离函数。假定方向向量 $g = (g_y, -g_w)$，考虑非期望产出的方向性距离函数可以表述为式（5-8）。

$$\vec{D}_0^t(x^{t,k}, y^{t,k}, u^{t,k}; g_y, -g_w) = \sup\{\theta: (y^{t,k}, u^{t,k}) + \theta g \in P^t(x^{t,k})\}$$

$$(5-8)$$

方向向量 $g = (g_y, -g_w)$ 表明将期望产出与非期望产出同等对待，要求在给定的投入下，期望产出和非期望产出按照相同的比例增减。用方向性距离函数 θ 衡量期望产出增长和非期望产出缩减的比率。传统的 Sherphard 函数假定不存在环境规制，期望产出与非期望产出同时扩张。而方向性距离函数则在给定方向向量、投入和产出的结构下测度期望产出扩大和非期望产出缩减的可能性，在实践中得到了广泛的应用。

二、农业绿色生产率的测算方法

DEA 模型有四种度量方法：径向和角度的，非径向和非角度的，径向和非角度的，非径向和角度的。"径向"是指进行生产率测度时投入和产出要同比例变动，而"角度"是指要做出最小化投入和最大化产出的决策。径向模型通常忽略了松弛和冗余的问题，可能高估生产率，而角度仅仅关注投入产出的一个方面。因而，只有非径向无角度的模型才能对生产率进行客观全面的衡量。

1. SBM 方向性距离函数

为了克服评价生产率时忽略松弛变量以及仅仅关注投入或者产出的某一方面而导致结果有偏，Tone（2001）提出 SBM 模型。该模型将松弛变量纳入目标函数，既解决松弛造成的非效率因素问题，又将非期望产出纳入生产率评价体系中。同时，SBM 模型无量纲无角度，避免量纲不同和角度差异带来的偏误，其测算结果更为准确。SBM 模型的基本形式如式（5-9）所示。

$$\vec{D}_0^t(x^{t,k'},\ y^{t,k'},\ u^{t,k'};\ g) = Min\rho = \frac{1 - \dfrac{1}{N}\sum_{n=1}^{N}S_n^x/x_{n0}}{1 + \dfrac{1}{M+I}\left(\sum_{m=1}^{M}S_m^y/y_{m0} + \sum_{i=1}^{I}S_i^u/u_{i0}\right)}$$

$$(5-9)$$

s. t. $\sum_{k=1}^{K}z_k x_{nk} + S_n^x = x_{n0}$, $n = 1,\ 2,\ \cdots,\ N$; $\sum_{k=1}^{K}z_k y_{mk} - S_m^y$

$$= y_{m0},\ m = 1,\ 2,\ \cdots,\ M;$$

$\sum_{k=1}^{K}z_k = I$; $\sum_{k=1}^{K}z_k u_{mk} + S_i^u = u_{i0}$, $i = 1,\ 2,\ \cdots,\ I$; $z_k \geq 0$; $S_n^x \geq 0$; $S_m^y \geq 0$; $S_i^u \geq 0$

其中，S_n^x、S_m^y、S_i^u 分别代表投入冗余、期望产出不足和环境污染过度排放的松弛向量。当 S_n^x、S_m^y、S_i^u 均大于零时，分别表示实际的投入、污染大于边界的投入和污染排放，而实际的产出则小于边界的产出。模型是规模报酬可变下的方向性距离函数，若去掉权重变量之和 $\sum_{k=1}^{K}z_k = 1$ 的约束，则为规模报酬不变下的方向性距离函数。

SBM 方向性距离函数的目标函数ρ的经济含义是投入与产出的无效率比率，是关于 S_n^x、S_m^y、S_i^u 严格递减的。当ρ=1时，生产单元完全有效率，不存在投入和非期望产出的过剩或期望产出的不足；当ρ<1时，表示生产单元存在效率损失，可以通过组合减少投入和非期望产出量改进效率。绿色技术效率无效率的来源通常有投入冗余、农业产出不足和农业面源污染冗余。部分研究在此基础上探讨绿色技术效率改进的具体方向。

2. 基于 SBM 方向性距离函数的 ML 指数

通过 SBM 测算出来的农业绿色技术效率是一种静态的分析，只能反映各省份与生产边界的相对关系。ML 指数则可以分析每个省份与生产边界的相对位置（效率变化）和向生产边界移动（技术进步）的情况，是一种动态的分析。根据 Chung 等（1997）的方法，从时期 t 到 $t+1$ 的 ML 指数可以表示为式（5-10）~ 式（5-13）的形式。

$$ML_t^{t+1} = \left[\frac{1 + \vec{D}_0^t(x^t, y^t, u^t; g)}{1 + \vec{D}_0^t(x^{t+1}, y^{t+1}, u^{t+1}; g)} \times \frac{1 + \vec{D}_0^{t+1}(x^t, y^t, u^t; g)}{1 + \vec{D}_0^{t+1}(x^{t+1}, y^{t+1}, u^{t+1}; g)} \right]^{1/2}$$

$$(5-10)$$

$$ML_t^{t+1} = MLTECH_t^{t+1} \times MLEFFCH_t^{t+1} \qquad (5-11)$$

$$MLTECH_t^{t+1} = \left[\frac{1 + \vec{D}_0^{t+1}(x^t, y^t, u^t; g)}{1 + \vec{D}_0^t(x^t, y^t, u^t; g)} \times \frac{1 + \vec{D}_0^{t+1}(x^{t+1}, y^{t+1}, u^{t+1}; g)}{1 + \vec{D}_0^t(x^{t+1}, y^{t+1}, u^{t+1}; g)} \right]^{1/2}$$

$$(5-12)$$

$$MLEFFCH_t^{t+1} = \frac{1 + \vec{D}_0^t(x^t, y^t, u^t; g)}{1 + \vec{D}_0^{t+1}(x^{t+1}, y^{t+1}, u^{t+1}; g)} \qquad (5-13)$$

ML 指数可分解为技术进步率 MLTECH 和技术效率 MLEFFCH。其中技术进步率测度绿色技术前沿的进步速度，即生成可能性边界向外扩张的动态变化。而技术效率则反映了对生产可能性边界的追赶速度。技术效率可分解为规模效率和纯技术效率。通常用 ML 指数来衡量和分解绿色 TFP。ML、MLTECH 和 MLEFFCH 均大于 1，分别体现了绿色 TFP、绿色技术进步率和绿色技术效率的进步。反之，则体现其下降。由以上内容可知，ML 指数需要测算四个方向性距离函数，其中两个为即期的方向性距离函数，另外两个为混合的方向性距离函数。本节首先采用 SBM 方向性距离函数测算农业绿色技术效率水平，再采用 SBM - ML 生产率指数方法测算农业绿色TFP 水平。

三、变量选取和数据来源

本书利用 SBM 方向性距离函数和 SBM - ML 指数法分别测算农业绿色技

术效率和农业绿色 TFP，将绿色 TFP 解构为绿色技术进步率、绿色技术效率、规模效率、纯技术效率四部分，从而进一步分析绿色 TFP 的内在驱动因素。本书在进行农业绿色 TFP 测度时，选取全国 30 个省份（考虑到数据的可获得性和平稳性，不包括西藏、香港、澳门和台湾）2002~2016 年的数据进行实证研究。分析所用数据来自于《中国农业统计年鉴》、各省份统计年鉴和 EPS 数据平台。对东、中、西部地区的划分同第四章。

参照已有研究，期望产出以农、林、牧、渔业总产值为产出变量，并利用第一产业增加值指数（2002 年 = 100）对其进行处理以剔除价格因素的影响。非期望产出以本章第一节所测算的各省份农业面源污染所排放的 TN、TP 和 COD 总量进行测度。选取的投入变量为与农业生产有密切联系的农用机械总动力、化肥施用量、农作物播种面积和第一产业从业人数。第一产业增加值、农业面源污染排污总量、农用机械总动力、化肥施用量、农作物播种面积、农用役畜数量和第一产业从业人数分别用 GDP、E、Mach、Chem、Land、Cattle 和 Labor 表示。七个变量的描述性统计如表 5 – 13 所示。

表 5 – 13　变量的描述性统计

变量	单位	观测值	均值	方差	最小值	最大值
GDP	亿元	450	1471.26	1131.93	65.50	5409.56
E	万吨	450	100.71	81.94	7.91	360.79
Mach	万千瓦	450	2839.71	2735.26	95.30	13353
Chem	万吨	450	177.30	138.85	6.60	716.10
Land	千公顷	450	5294.39	3551.41	151.40	14472.30
Cattle	万头	450	388.63	316.63	1.23	1512.83
Labor	万人	450	990.03	712.95	36.35	3403.60

四、农业绿色技术效率和农业绿色 TFP 的测算结果分析

本部分对中国 30 个省份 2002~2016 年农业绿色技术效率和农业绿色

TFP进行测算。为了与不包含农业面源污染的传统农业技术效率相比较，本部分利用SBM方向性距离函数测算了传统农业技术效率和包含农业面源污染因素的农业绿色技术效率并进行比较分析，在此基础上利用SBM-ML指数法测算农业绿色TFP进而对其进行分解。

1. 农业绿色技术效率

图5-10直观地显示了全国2002~2016考虑和不考虑资源环境因素的农业技术效率情况。由图可见，从技术效率均值来看，在不考虑农业面源污染影响的情况下，全国的农业技术效率均值为0.331；当考虑了农业面源污染因素后，全国农业技术效率均值下降为0.233。由以上结果可知，不考虑农业面源污染因素的农业技术效率较之考虑农业面源污染因素的农业技术效率水平存在失真和虚高的误差。实际农业环境问题已经对农业产出造成了较大程度的影响，因而忽略环境问题进行效率评价是不合理的。

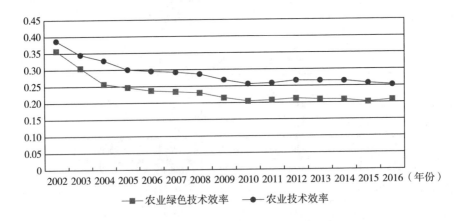

图5-10 2002~2016年农业技术效率和农业绿色技术效率

资料来源：由笔者计算所得。

从时间变化趋势来分析，2002~2016年中国农业绿色技术效率基本上呈现出波动中下降的态势，2010年以后农业绿色技术效率保持稳定。这主要是由于现代农业生产带来经济增长的同时也造成了各类污染。土地资源的过度开发，农田化肥的大量施用，大棚农业的地膜污染，乡镇企业的工业化污染以及集约化的畜禽养殖等，都带来地表水的有机污染和富营养化等问题。现有的《中华人民共和国环境保护法》中缺乏综合性的针对农业资源环境保护的法规或条例。《中华人民共和国农业技术推广法》和《中华人民共和国农业法基本农田保护条例》中有一些关于农业环境保护技术和基本农田环境保护的规定，但是内容很简单，使得农业生态环境保护工作难以开展。近年来国家以及地方政府层面逐渐重视农业资源环境保护工作，提出应统筹城乡经济社会发展和环境保护，切实把农村环保放到更加重要的战略位置，并陆续出台了《农产品产地安全管理办法》《中华人民共和国水污染防治法》《畜禽养殖业污染防治技术政策》等环境管理文件。诸多政策法规的落地实施扭转了农业技术效率下降的趋势，但是总体而言，中国的农业绿色技术效率仍处于"及格线"水平之下，环境问题造成了较大的效率损失，资源节约和环境保护的空间及潜力还很大。

观察各省份绿色技术效率的差异，表 5 - 14 根据绿色技术效率和技术效率值分别对各省份从高到低进行排序。其中，海南、湖北、黑龙江、新疆的绿色技术效率的排名相对于技术效率的排名有所提升，说明这些地区的资源环境约束对农业产出的影响相对较小。而广东、江西、吉林、广西、安徽的绿色技术效率排名相较于技术效率的排名则有所降低，说明这些地区的资源环境约束对农业产出的影响较大。北京和上海的技术效率值和绿色技术效率值均为 1，说明两个地区都处在生产可能性前沿面上，也说明两个地区在农业经济增长和农业环境保护方面都在"最佳实践者"的领先位置上，在既有投入下实现了农业经济发展水平的最大化。

表 5 - 14　2002～2016 年各省份的技术效率与绿色技术效率均值

省份	绿色技术效率	省份	技术效率
北京	1.000	北京	1.000
上海	1.000	上海	1.000
福建	0.480	福建	0.543
浙江	0.463	浙江	0.506
海南	0.391	广东	0.443
广东	0.359	海南	0.434

省份	绿色技术效率	省份	技术效率
辽宁	0.340	辽宁	0.423
天津	0.320	天津	0.401
江苏	0.319	江苏	0.362
四川	0.246	四川	0.313
山东	0.232	山东	0.302
湖南	0.214	湖南	0.275
湖北	0.206	青海	0.265
河北	0.204	河北	0.262
黑龙江	0.200	湖北	0.260
新疆	0.194	江西	0.251
江西	0.192	吉林	0.245
青海	0.191	新疆	0.245
吉林	0.190	广西	0.239
重庆	0.186	重庆	0.233
广西	0.184	安徽	0.212
安徽	0.164	黑龙江	0.211
内蒙古	0.159	内蒙古	0.198
河南	0.148	河南	0.196
贵州	0.145	贵州	0.184
陕西	0.143	陕西	0.183
云南	0.141	云南	0.179
甘肃	0.132	甘肃	0.167
山西	0.124	山西	0.160
宁夏	0.104	宁夏	0.138
均值	0.233	均值	0.330

从区域差异来看，考虑环境成本的东中西部地区的绿色技术效率分别为 0.273、0.249 和 0.160，较之不考虑环境成本的技术效率各自下降了 16.56%、17.50% 和 22.40%。由以上可知，中国东中部地区农业生产对环境资源影响的敏感度低于西部地区。可能原因是，东中部地区农业产业化

和现代化推进了产业结构优化和农业绿色增长，尤其是东部沿海开放地区，对环保理念的接受度和农田水利设施等建设都强于西部地区。西部地区虽然在退耕还林等生态工程的推进下，环境有所改善，但是总体而言，西部地区缺乏水资源，是典型的生态脆弱地区，其农业技术效率受资源环境影响更为明显。

2. 农业绿色 TFP

农业绿色技术效率是一个静态指标，适合于研究同一时间截面上各个评价单元技术的有效性，只能反映各省份生产现况与生产边界的关系。SBM - ML 指数是一个动态指标，可以描述各省份农业生产边界的相对位置和生产现况向生产边界移动的情况。因此，本部分选取 SBM - ML 指数测算的结果以衡量农业绿色 TFP。

本书计算了中国 30 个省份 2002 ~ 2016 年农业绿色 TFP 及其分解情况，具体结果如表 5 - 15 所示。测算结果表明：2002 ~ 2016 年，全国各年的农业绿色 TFP 指数均值都大于 1 并且基本上呈现出逐年递增的趋势，这说明中国农业绿色 TFP 基本每年都在增长；全国农业绿色 TFP 的均值为 1.052，说明农业绿色 TFP 的年均增长率为 5.22%。农业绿色效率下降了 3.97%，农业绿色技术进步率提升了 9.52%。同时，农业绿色 TFP 的增长主要来源于绿色技术进步水平的提高。纯技术效率下降了 2.01%，规模效率下降了 2.08%。

表 5 - 15　2002 ~ 2016 年各省份的绿色 TFP 以及分解值

省份	绿色技术效率	绿色技术进步率	纯技术效率	规模效率	绿色 TFP
北京	1.000	1.164	1.000	1.000	1.164
天津	0.953	1.096	0.932	1.024	1.045
河北	0.963	1.093	0.982	0.979	1.052
山西	0.977	1.093	1.007	0.968	1.067
内蒙古	0.926	1.098	0.953	0.969	1.017
辽宁	0.951	1.096	0.965	0.984	1.042
吉林	0.933	1.091	0.955	0.975	1.018

省份	绿色技术效率	绿色技术进步率	纯技术效率	规模效率	绿色TFP
黑龙江	0.952	1.101	0.981	0.969	1.048
上海	1.000	1.075	1.000	1.000	1.075
江苏	0.987	1.095	1.009	0.976	1.080
浙江	0.981	1.110	1.000	0.980	1.089
安徽	0.964	1.091	0.987	0.974	1.051
福建	0.970	1.106	1.000	0.968	1.073
山东	0.968	1.092	1.000	0.966	1.057
河南	0.950	1.088	0.950	1.001	1.034
湖北	0.968	1.091	1.001	0.965	1.056
湖南	0.967	1.090	0.998	0.967	1.054
广东	0.962	1.093	1.000	0.959	1.051
江西	0.952	1.091	0.977	0.972	1.038
广西	0.966	1.088	0.992	0.972	1.051
海南	0.917	1.103	0.936	0.978	1.011
重庆	0.961	1.091	0.993	0.965	1.049
四川	0.964	1.090	0.995	0.967	1.051
贵州	0.980	1.091	1.022	0.956	1.069
云南	0.937	1.091	0.963	0.971	1.022
陕西	0.967	1.088	0.996	0.968	1.052
甘肃	0.955	1.095	0.986	0.966	1.046
青海	0.976	1.087	1.000	0.974	1.058
宁夏	0.957	1.090	0.875	1.102	1.043
新疆	0.928	1.094	0.956	0.968	1.015
均值	0.961	1.095	0.980	0.979	1.052

从时间变化动态来看，绿色TFP、绿色技术进步率、绿色技术效率、纯

技术效率和规模效率都呈现上下波动的趋势。图 5 - 11 中，GTFP 为绿色 TFP，GTE 为绿色技术效率，GTC 为绿色技术进步率，PE 为纯技术效率，SE 为规模效率。如图 5 - 11 所示，除了 2009 年以外，ML 指数都大于 1，说明农业绿色 TFP 总体呈现稳定增长的趋势。技术进步率波动幅度较大，在 2003 ~ 2004 年达到峰值之后回落，但也都大于 1。技术进步对农业绿色 TFP 的贡献是主要的。技术效率相对处于较低的位置，除 2011 年、2012 年大于 1 之外，其他年份都小于 1。规模效率和纯技术效率也呈现交互回落的状态。

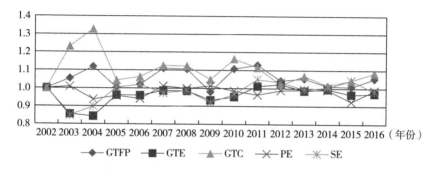

图 5 - 11 2002 ~ 2016 年农业绿色 TFP 及分解值

资料来源：由笔者计算所得。

表 5 - 16、表 5 - 17、表 5 - 18 分别为东、中、西部省份的绿色 TFP 及分解值。从区域差异来看，东、中、西部绿色 TFP 均呈现上升趋势。其中，东部省份、中部省份和西部省份 2002 ~ 2016 年的绿色 TFP 指数分别为 1.055、1.053 和 1.045。各区域的农业绿色 TFP 都呈现上升趋势，东部平均上升 5.54%，中部平均上升 5.30%，西部平均上升 4.48%。绿色 TFP 与上章所测 TFP 总体区域差异保持一致。可知东部地区不仅在引进先进技术提升生产率方面领先于中西部地区，在环境绩效方面也较中西部地区更为突出。此外，东中西部地区的绿色 TFP 都是绿色技术进步率驱动型的增长。绿色技术进步率的增长意味着生产前沿面向外推进，带动了生产率的进步，并弥补了绿色技术效率下降所带来的损失。较之前人的研究结果，近 15 年东中西部的农业绿色 TFP 差距在缩小，这与政府支持中部农业，西部开发和强化生态保护有着密切关系。以下就东中西部绿色 TFP 分别进行分析。

表 5 – 16　2002～2016 年东部各省份的绿色 TFP 以及分解值

省份	绿色技术效率	绿色技术进步率	规模效率	纯技术效率	绿色 TFP
北京	1.000	1.164	1.000	1.000	1.164
浙江	0.981	1.110	0.980	1.000	1.089
江苏	0.987	1.095	0.976	1.009	1.080
上海	1.000	1.075	1.000	1.000	1.075
福建	0.970	1.106	0.968	1.000	1.073
山东	0.968	1.092	0.966	1.000	1.057
河北	0.963	1.093	0.979	0.982	1.052
广西	0.966	1.088	0.972	0.992	1.051
广东	0.962	1.093	0.959	1.000	1.051
天津	0.953	1.096	1.024	0.932	1.045
辽宁	0.951	1.096	0.984	0.965	1.042
海南	0.916	1.103	0.978	0.936	1.011
均值	0.960	1.097	0.978	0.982	1.055

表 5 – 17　2002～2016 年中部各省份的绿色 TFP 以及分解值

省份	绿色技术效率	绿色技术进步率	规模效率	纯技术效率	绿色 TFP
山西	0.977	1.093	1.007	0.968	1.067
湖北	0.968	1.091	1.001	0.965	1.056
湖南	0.967	1.090	0.998	0.967	1.054
安徽	0.964	1.091	0.987	0.974	1.051
黑龙江	0.952	1.101	0.981	0.969	1.048
江西	0.952	1.091	0.977	0.972	1.038
河南	0.951	1.088	0.950	1.001	1.034
吉林	0.933	1.091	0.955	0.975	1.018
内蒙古	0.926	1.098	0.953	0.969	1.017
均值	0.963	1.094	0.985	0.975	1.053

表 5 - 18　2002～2016 年西部各省份的绿色 TFP 以及分解值

省份	绿色技术效率	绿色技术进步率	规模效率	纯技术效率	绿色 TFP
贵州	0.961	1.090	0.993	0.965	1.049
陕西	0.964	1.090	0.995	0.967	1.051
青海	0.980	1.091	1.022	0.956	1.069
四川	0.937	1.091	0.963	0.971	1.022
新疆	0.967	1.088	0.996	0.968	1.052
甘肃	0.955	1.095	0.986	0.966	1.046
重庆	0.976	1.085	1.000	0.974	1.058
宁夏	0.957	1.090	0.875	1.102	1.043
云南	0.928	1.094	0.956	0.968	1.015
均值	0.958	1.091	0.975	0.981	1.045

东部省份绿色 TFP 平均增长率为 5.54%，其中，技术效率下降 3.96%，技术进步率增长 9.72%。纯技术效率下降 6.44%，规模效率下降 2.19%。绿色 TFP 增长率较高的省份为北京、浙江、江苏和上海。北京和上海的技术效率保持不变，以技术进步率驱动增长。浙江和江苏的技术效率下降，技术进步率上升。其他省份的技术效率均下降。天津、辽宁和海南的绿色 TFP 增长率较低。

中部省份绿色 TFP 平均增长率为 5.30%，其中，技术效率下降 3.73%，技术进步率上升 9.37%。纯技术效率和规模效率分别下降 1.46% 和 2.46%。绿色 TFP 增长率较高的省份为山西、湖北和湖南。绿色 TFP 增长率较低的省份为江西、河南、吉林和内蒙古。中部所有省份都是技术进步驱动型的增长，在技术效率上均呈现下降趋势。

西部省份绿色 TFP 平均增长率为 4.48%，其中，技术效率下降 4.19%，技术进步率上升 9.05%。纯技术效率和规模效率分别下降 2.46% 和 1.89%。绿色 TFP 增长率较高的省份为贵州、陕西和青海，绿色 TFP 增长率较低的省份为重庆、宁夏和云南。与中部省份类似，西部省份也全部为技术进步驱动型的增长。

第四节　本章小结

　　首先，本章通过陈敏鹏（2006）和赖斯芸等（2004）的单元调查评估法，结合各污染单元的产污和排污系数，对农业面源污染的污染排放进行测算并分析其特征和趋势，得出以下结论：农田化肥、农田固体废弃物、畜禽养殖排污量都呈现逐年升高的趋势，只有农村生活污染由于农村人口的减少而呈现下降趋势，且其占农业面源污染总量的比重在逐年下降。农田化肥和畜禽养殖排污是农业面源污染的主要来源。从区域差异来看，农业面源污染排放区域集中度高，中部地区污染排放量最大。其次，本章基于 2002～2016 年 30 个省份的省级面板数据，利用 DEA – Malmquist 指数法测算了农业 TFP，结果表明农业 TFP 的增长呈现稳定上升趋势，主要是由于技术进步率的推动而非技术效率的进步引致。东中西部农业 TFP 呈现由高到低的梯度。最后，本章以农业面源污染作为非期望产出，利用 SBM – ML 指数测算农业绿色 TFP，结果表明农业绿色 TFP 的增长呈现稳定上升趋势，主要是绿色技术进步率而非绿色技术效率推动。与农业 TFP 相类似，农业绿色 TFP 的增长是依赖绿色技术进步的前沿面推进而非对现有生产资源的有效利用。从时间动态分析来看，绿色 TFP 呈现上下波动的趋势，但未呈现明确的阶段性特征。从地域差距来看，东中西部农业绿色 TFP 呈现由高到低的梯度，但是东中西部地区农业绿色 TFP 差距有缩小趋势。

第六章
农产品国际贸易对农业面源污染和农业 TFP 影响的实证研究

本章利用省级面板数据分别探讨农产品国际贸易的环境效应和 TFP 效应，为探讨农产品国际贸易对农业绿色 TFP 的影响提供依据。

第一节　农产品国际贸易对农业面源污染的影响

前文通过机理分析阐述了农产品国际贸易的环境效应。本节利用省级面板数据，实证检验农产品国际贸易与农业面源污染的关系。在此基础上对农产品贸易的环境效应进行分解，厘清结构效应、规模效应和技术效应的差异，估算出各种效应的弹性系数进行比较分析。

一、计量模型与研究方法

1. 计量模型

Ehrlich P. R. 和 Ehrlich A. H. （1970）等学者构建 IPAT 模型衡量经济发展与环境污染的关系，模型为 $I = P \times A \times T$，其中，I 表示环境污染，P 表示人口规模，A 表示富裕程度，T 表示技术水平。此模型具有明显的局限性，因此，Dietz 和 Rosa （1994）将其拓展为 STIRPAT （Stochastic Impact by

Regression on Population，Affluence and Technology）模型，如式（6－1）所示。

$$I = aP_i^b A_i^c T_i^d e_i \qquad\qquad (6-1)$$

对该模型进行对数化处理后，转化为式（6－2）。

$$\ln I = \ln a + b\ln P_i + c\ln A_i + d\ln T_i + \ln e_i \qquad (6-2)$$

该模型保留了 IPAT 方程的变量以及乘法结构，其中 a 为模型的系数，b、c、d 分别为人口规模、富裕程度和技术水平对环境影响因子的弹性，e 为误差项，i 为时间或者区域范围。STIRPAT 模型界定影响环境的主要因素为人口规模、富裕程度和技术水平三方面，本书在此基础上添加了对外贸易等因素，具体如下：

农产品国际贸易。已有的研究认为贸易通过规模、技术和结构效应等影响进出口国的环境。规模效应指贸易带来的经济规模扩张和能源消耗导致污染的加剧；技术效应指贸易自由化带动生产方式的改进，生产技术的提高和环境友好型技术的扩散进而减少了环境污染；结构效应则是指国际分工促使一国根据其比较优势进行调整，导致该国增加或者减少污染密集型产品的生产。贸易对环境的影响来自于以上数种效应综合的结果。农产品国际贸易对农业面源污染的影响取决于何种效应起决定作用。

农村人口规模。关于人口因素对于环境的影响，Daily 和 Ehrlich（1992）等学者认为人口增长给环境带来了破坏和灾难；Boserup（1981）等学者认为人口增长引致资源消耗的同时也迫使人们改进生产技术，寻找替代品或者提高市场效率，给环境带来积极的影响；徐辉、杨烨（2017）认为人口密度和环境污染呈倒 "U" 形关系。本书预期农村人口数量的增加对农业面源污染有正向影响。

农村富裕程度。根据 EKC，收入与环境污染呈现倒 "U" 形关系。即当一个国家或者地区经济较落后，收入水平较低时，随着居民收入的增加，资源消耗和环境污染加剧。而经济发展到一定程度时，随着居民环保意识的提高和清洁型技术的引入，一系列环境规制政策的出台与执行，收入水平和环境污染呈现负相关的关系。本书预期农村富裕程度与农业面源污染呈现倒 "U" 形关系。

农业技术投入。技术进步与环境污染之间存在复杂的关系。一方面，诸如测土配方等清洁型农业技术的应用有利于降低单位产值耗能，缓解环境压力。另一方面，部分农业技术的推广在增产增收的同时可能加剧污染，如化肥的过量施用。技术因素对农业面源污染的影响取决于何种技术在生产应用中起主导作用。

农业财政支出。环境治理的提高无法完全依靠市场机制，需要政府介入。而财政支持对于农业环境的影响存在两面性：一方面，财政支农可能通过补贴有机肥施用、测土配方技术的推广、畜禽粪污循环利用等方面减少污染排放量。另一方面，政府通过电价补贴、运价补贴、利息补贴、退税等优惠政策给予农药化肥企业扶持，降低了其生产成本和价格，一定程度上也引导农户加剧农药化肥的使用，从而加剧污染。石嫣、程存旺（2010）提出，年产能4000万吨的尿素行业可以获得200亿元的补贴和税收优惠。财政支持对农业面源污染有何影响取决于财政支农的导向。

农业产业结构。当产业结构中不同行业的污染物排放量强度不同时，产业结构的差异会引致污染物排放量的差异。本书借鉴葛继红、周曙东（2011）的做法，以畜禽养殖业占农业比重衡量农业产业结构。在经济因素驱动下，农业产业结构调整呈现种植业比重下降和养殖业比重上升的趋势。本书预期产业结构中畜禽养殖业比重的上升对农业面源污染有正向影响。

农业经济规模。农业经济规模的扩大意味着生产和消费的增加，以及随之相伴的资源损耗和环境破坏。本书预期农业经济规模的扩大会加剧农业面源污染。

农业要素禀赋结构。要素禀赋理论表明，自由贸易条件下，在生产资本密集型产品方面具有比较优势的国家可能会加剧污染，而在生产劳动密集型产品方面具有比较优势的国家则可能减轻污染。Copeland 和 Taylor（2004）也指出，早期经济发展过度依赖资本会导致环境恶化。随着资本投入量的增加，化肥、农药、农膜等的大规模使用，土地的过度开发利用，环境污染将进一步加剧。本书预期要素禀赋结构的升级，即资本劳动比的上升会加剧农业面源污染。

综上所述，本书依据研究目的，并参照已有研究对 STIRPAT 模型进行拓展后，得到模型如式（6－3）所示。

$$\ln E_{it} = a_0 + a_1 \ln Trade_{it} + a_2 \ln P_{it} + a_3 \ln Inc_{it} + a_4 (\ln Inc_{it})^2 + a_5 \ln T_{it} +$$

$$a_6 \ln FS_{it} + a_7 \ln Str_{it} + a_8 \ln GDP_{it} + a_9 \ln KL_{it} + \delta_{it} \qquad (6-3)$$

其中，i 和 t 表示省份和时间，E 为因变量，表征农业面源污染排放量，δ 表示随机扰动项，$Trade_{it}$ 表示农产品国际贸易规模，其余控制变量中 P_{it} 表示农村人口规模，Inc_{it} 表示农村富裕程度，T_{it} 表示农业研发投入，FS_{it} 表示农业财政支出，Str_{it} 表示农业产业结构，GDP_{it} 表示农业 GDP，KL_{it} 表示农业要素禀赋结构。

2. 研究方法

本书通过 Hausman 检验，确定 FE 模型优于 RE 模型。一些未被观测到的但与各省份特征有关的因素可能引起估计偏差问题，地区 FE 可以有效解决此类问题，而时间 FE 可以解决不随省份变化但随时间变化的遗漏变量问题。因此，在探讨贸易和农业面源污染的关系时，采用双向 FE 模型进行研究，构建了模型如式（6-4）所示。

$$\ln E_{it} = a_0 + a_1 \ln Trade_{it} + a_2 \ln P_{it} + a_3 \ln Inc_{it} + a_4 (\ln Inc_{it})^2 + a_5 \ln T_{it} +$$
$$a_6 \ln FS_{it} + a_7 \ln Str_{it} + a_8 \ln GDP_{it} + a_9 \ln KL_{it} + \beta_i + \gamma_t + \delta_{it} \qquad (6-4)$$

其中，β_i 代表地区 FE，γ_t 代表时间 FE，其他变量同式（6-3）。

二、变量选取与数据来源

1. 变量选取

本章各变量测算方法如表 6-1 所示。

表 6-1　变量定义以及测算方法

	变量名称	缩写	变量测算方法
被解释变量	农业面源污染排放量	E	亩均农业面源污染总排放量（TN/TP/COD 排放量加总）
	TN 排放量	TN	亩均 TN 排放量
	TP 排放量	TP	亩均 TP 排放量
	COD 排放量	COD	亩均 COD 排放量

续表

	变量名称	缩写	变量测算方法
解释变量	农产品贸易规模	Trade	农产品进出口总额
	农产品出口规模	Exp	农产品出口总额
	农产品进口规模	Imp	农产品进口总额
	农村人口规模	P	农村常住人口数
	农村富裕程度	Inc	农民人均收入
	农业技术投入	T	公有经济企事业单位农业技术人员数量
	农业财政支出	FS	农、林、牧、渔业财政支出
	农业产业结构	Str	畜禽养殖业占农业总产值的比重
	农业 GDP	GDP	农、林、牧、渔业生产总值
	农业要素禀赋结构	KL	劳均农业固定资产额

2. 数据来源

考虑到数据的可获得性和平稳性，本书选取中国 30 个省份（不包括西藏、香港、澳门和台湾）数据进行实证研究。分析所用数据来自于各省统计年鉴、《中国农业统计年鉴》、《中国农产品进出口月度统计报告》和 EPS 数据平台。中国于 2001 年加入 WTO，此后农产品对外贸易规模处于持续快速增长阶段，农业产出的贡献率也不断增加，因此本书选择 2002～2016 年的省级面板数据对农产品贸易规模和农业面源污染的关系进行检验。其中，农业面源污染排放为本书第五章核算结果。农民人均收入、农业财政支出、农业 GDP 已折算成 2002 年不变价格。农产品对外贸易额按照历年人民币平均汇率均价换算，并折算成 2002 年不变价格。下文对变量进行描述性统计，如表 6-2 所示。

表 6-2　变量的描述性统计

变量	观测值	均值	方差	最小值	最大值
E	450	214. 77	106. 20	57. 07	710. 49
TN	450	85. 20	32. 49	27. 53	222. 26
TP	450	7. 93	4. 48	2. 31	30. 72

续表

变量	观测值	均值	方差	最小值	最大值
COD	450	121.64	76.88	25.59	498.92
Trade	450	2423533	3826027	3543.06	25892799
Exp	450	983908.90	1572994	3507.43	10686178
Imp	450	1439624	2507010	0.62	16352118
P	450	990.03	712.95	36.35	3403.60
Inc	450	1471.26	1131.93	65.50	5409.56
T	450	22350.74	12104.09	2186	56991
FS	450	219.33	205.84	7.02	1008.60
Str	450	31.44	9.09	13.80	58.02
GDP	450	1471.26	1131.93	65.50	5409.56
KL	450	2113.73	1451.65	256.57	10201.41

为避免伪回归，利用 LLC 检验、Breitung t – stat 检验、IPS 检验、ADF 检验、PP 检验对模型中的各变量取对数后进行检验，结果如表 6 – 3 所示。

表 6 – 3　面板数据平稳性检验

变量		Levin, Lin & Chut*	Breitung t – stat	Im, Pesaran and Shin W – stat	ADF – Fisher Chi – square	PP – Fisher Chi – square
lnE	水平值	– 6.62***	– 1.80**	– 2.43***	94.52***	51.95*
	一阶差分	– 16.96***	– 11.02***	– 8.43***	172.37***	195.24***
lnTN	水平值	– 5.78***	2.08	– 1.71**	81.01**	105.87***
	一阶差分	– 14.07***	– 6.16***	– 7.84***	164.70***	220.06***
lnTP	水平值	0.71	– 0.97	0.59	56.52	72.91
	一阶差分	– 21.90***	– 6.19***	– 11.38***	177.03***	213.95***
lnCOD	水平值	– 1.85**	– 1.77**	– 0.11	63.26	67.70
	一阶差分	– 17.68***	– 7.06***	– 8.57***	144.63***	213.60***
lnTrade	水平值	– 7.39***	0.33	– 2.88***	110.25***	139.97***
	一阶差分	– 22.28***	– 8.27***	– 14.09***	255.74***	302.49***
lnExp	水平值	– 18.19***	1.30	– 12.00***	200.30***	112.33***
	一阶差分	– 25.49***	– 8.82***	– 14.33***	225.11***	314.26***

续表

变量		Levin, Lin & Chut*	Breitung t – stat	Im, Pesaran and Shin W – stat	ADF – Fisher Chi – square	PP – Fisher Chi – square
ln*Imp*	水平值	– 8.15**	3.24	– 4.20***	118.05***	161.64***
	一阶差分	– 15.06***	– 5.98***	– 10.15***	205.85***	284.29***
ln*P*	水平值	– 6.62***	– 1.80**	– 2.44***	94.52***	51.95*
	一阶差分	– 16.96***	– 11.02***	– 8.43***	172.37***	195.24***
ln*Inc*	水平值	– 6.86***	– 7.98***	– 4.70***	107.37***	107.45***
	一阶差分	– 23.29***	– 24.16***	– 18.04***	322.11***	412.66***
ln*T*	水平值	– 2.01**	– 4.33***	0.57	79.73**	97.19**
	一阶差分	– 19.22***	– 8.58***	– 11.86***	231.37***	311.33***
ln*FS*	水平值	– 13.96***	– 9.06***	– 8.75***	180.86***	161.38***
	一阶差分	– 22.57***	– 6.74***	– 16.426***	306.21***	367.39***
ln*Str*	水平值	– 7.62***	2.56	– 3.20***	108.81***	168.63***
	一阶差分	– 18.09***	– 4.99***	– 12.47***	243.39***	332.46***
ln*GDP*	水平值	1.35	– 5.45***	3.42	48.09	67.28
	一阶差分	– 24.14***	– 7.03***	– 15.38***	286.22***	343.28***
ln*KL*	水平值	– 10.72***	– 7.06***	– 6.39***	135.89***	143.10***
	一阶差分	– 16.75***	– 11.38***	– 14.201***	259.87***	339.37**

注：***、**、*分别表示1%、5%、10%的显著性水平，括号内数值表示标准误。

变量的单位根检验如表6－3所示，所有变量的一阶差分都在10%水平上显著，表明面板数据在整体上是平稳的。

三、实证检验与分析

本部分首先就贸易开放对农业面源污染影响的整体回归结果进行分析，继而区分规模效应、结构效应和技术效应分别探讨贸易开放的环境效应。

1. 农产品国际贸易对农业面源污染影响的整体回归结果分析

（1）农产品贸易规模对农业面源污染影响的回归结果分析。地区 FE 可以有效解决未被观察到但同时影响农产品国际贸易和农业面源污染的一些与各省份特征有关的因素所引起的估计偏差问题，而时间 FE 可以解决不随省份变化但随时间变化的遗漏变量问题，因此采用双向 FE 模型对农产品外贸规模与农业面源污染排放的关系进行检验，结果如表 6-4 所示。表中各变量均取对数。

表 6-4　农产品国际贸易对农业面源污染影响的实证结果

变量	双向 FE 农业面源污染 （未引入控制变量）	双向 FE 农业面源污染 （引入控制变量）
农产品贸易规模	0.021	0.028 *
	(0.009)	(0.015)
农村人口规模		0.073
		(0.052)
农村富裕程度		0.867 ***
		(0.269)
农村富裕程度的 平方项		-0.049 ***
		(0.018)
农业技术投入		0.092 **
		(0.037)
农业财政支出		-0.032 *
		(0.028)
农业产业结构		0.200 ***
		(0.038)
农业 GDP		0.003
		(0.060)
农业要素禀赋结构		0.026
		(0.017)
sigma_ u	0.453	0.517
sigma_ e	0.084	0.076
rho	0.966	0.989

续表

变量	双向 FE 农业面源污染 （未引入控制变量）	双向 FE 农业面源污染 （引入控制变量）
常数项	4.895 (0.205)	-1.109 (0.862)
观测值	450	450
R^2	0.273	0.427

注：＊＊＊、＊＊、＊分别表示1%、5%、10%的显著性水平，括号内数值表示标准误。

　　表6-4是双向 FE 模型的估计结果。由回归结果可知，第2列在未引入控制变量的情况下，农产品贸易规模变量系数为正，但是不显著。第3列是引入控制变量的估计结果。在引入了人口、富裕程度等控制变量之后，农产品国际贸易对农业面源污染排放量的影响显著为正。农产品贸易规模与农业面源污染排放量呈显著的正向关系。外贸规模每增加1%，农业面源污染排放量增加0.03%。由此可知，农产品国际贸易显著加剧了农业面源污染排放。

　　从其他控制变量的估计结果看，农村富裕程度的一次项与农业面源污染排放正相关，农村富裕程度的平方项与农业面源污染排放负相关。由此可知，中国农民人均收入和农业面源污染之间存在环境库兹涅茨效应。在农民人均收入达到库兹涅茨曲线的拐点之前，人均收入的上升带动生产和生活消费从而导致农业资源消耗的增加和污染范围的扩大。在人均收入达到拐点之后，由于人们环保意识的增强和环境规制的影响，人均收入的增加降低了农业面源污染排放强度。

　　农业技术投入水平提高显著增加了农业面源污染排放量。一方面，农药化肥的过量使用在增产增收的同时加剧污染，另一方面，针对节地、节水、节肥、节药、节种、节能、资源综合循环利用和农业生态环境建设保护方面的技术投入不足，且在耕地细碎化和小农经营的条件下有机肥施用技术等无法得到有效执行，未能发挥技术的正向环境效应。

　　农业财政支出的增加显著降低了农业面源污染排放量。这可能是由于农业财政支出中部分针对环境污染治理方面的支出一定程度地减少了农业面源污染排放量。例如，江苏省在《关于进一步加强农业源污染减排工作的意见》中提出，要设立畜禽养殖污染减排专项基金，且地方政府应进行资金配套以鼓励种养结合等养殖模式，建立区域畜禽粪便处理体系，减少全过程污染治理设施。对此类项目的资金投入有利于改善环境。

农业产业结构中畜禽养殖业比重的上升显著增加了农业面源污染排放量。种植业和畜禽养殖业对农业面源污染有不同的影响，种植业的污染通常由于化肥、农药等过量使用和秸秆固体废弃物等引起，而畜禽养殖业中所产生的畜禽粪便是面源污染中的主要因素。依据种植业和养殖业的农学特征，养殖业的污染强度也高于种植业。因此畜禽养殖业比重的上升加剧了农业面源污染。

此外，农村人口规模的增长对农业面源污染无显著影响。农业面源污染虽然也囊括了农村人口污染的部分，但是这部分属于农业面源污染中相对次要的部分。且近年来随着城镇化和经济的增长，农村人口规模呈现下降趋势，对农业面源污染的影响趋于微弱。农业经济规模扩大和农业要素禀赋结构升级对农业面源污染无显著影响。

在表 6 - 4 回归结果的基础上，分别以 TN、TP、COD 排放量作为被解释变量，采用双向 FE 模型探讨农产品国际贸易规模对农业面源污染排放中TN 排放量、TP 排放量和 COD 排放量的影响，结果如表 6 - 5 所示。表中各变量均取对数。

表 6 - 5　农产品国际贸易对农业面源污染各污染元素影响的实证结果

变量	双向 FE TN 排放	双向 FE TP 排放	双向 FE COD 排放
农产品贸易规模	- 0.003 (0.015)	0.050 *** (0.015)	0.064 *** (0.019)
农村人口规模	0.112 ** (0.051)	0.121 ** (0.050)	0.021 (0.063)
农村富裕程度	0.999 *** (0.267)	1.389 *** (0.260)	0.509 (0.330)

续表

变量	双向 FE TN 排放	双向 FE TP 排放	双向 FE COD 排放
农村富裕程度的 平方项	−0.045 ** (0.018)	−0.079 *** (0.017)	−0.044 ** (0.022)
农业技术投入	0.086 ** (0.036)	0.016 (0.035)	0.064 (0.045)
农业财政支出	−0.038 (0.028)	−0.025 (0.027)	−0.022 (0.035)
农业产业结构	0.161 *** (0.037)	0.215 *** (0.036)	0.175 *** (0.046)
农业 GDP	−0.024 (0.059)	0.054 (0.058)	−0.046 (0.073)
农业要素禀赋结构	0.017 (0.017)	0.028 * (0.017)	0.042 ** (0.021)
sigma_ u	0.413	0.530	0.626
sigma_ e	0.075	0.073	0.093
rho	0.968	0.981	0.979
常数项	−2.801 *** (0.853)	−7.020 *** (0.832)	0.594 (1.055)
观测值	450	450	450
R^2	0.691	0.594	0.263

注：*** 、** 、* 分别表示1% 、5% 、10% 的显著性水平，括号内数值表示标准误。

　　由表6－5回归结果可知，农产品国际贸易对农业面源污染排放中的 TN 排放无显著影响，但是加剧了 TP 和 COD 的排放。

　　（2）农产品出口与进口对农业面源污染影响的回归结果分析。为进一步探讨出口和进口各自对农业面源污染的影响，以农业面源排污总量为被解释变量，分别以农产品出口额和农产品进口额为主要解释变量，采用双向 FE 模型检验农产品进出口与农业面源污染的关系。结果如表6－6所示。表中各变量均取对数。

表6-6 农产品出口和进口对农业面源污染影响的实证结果

变量	双向 FE 农业面源污染	双向 FE 农业面源污染
农产品出口规模	0.019 * (0.013)	
农产品进口规模		0.006 (0.005)
农村人口规模	0.068 (0.052)	0.061 (0.051)
农村富裕程度	0.845 *** (0.278)	0.935 *** (0.266)
农村富裕程度的 平方项	-0.047 ** (0.018)	-0.055 *** (0.018)
农业技术投入	0.095 ** (0.037)	0.079 ** (0.036)
农业财政支出	-0.034 (0.028)	-0.032 (0.028)
农业产业结构	0.197 *** (0.038)	0.200 *** (0.038)
农业 GDP	-0.001 (0.060)	-0.014 (0.060)
农业要素禀赋结构	0.025 (0.017)	0.023 (0.017)
sigma_ u	0.522	0.517
sigma_ e	0.080	0.076
rho	0.925	0.979
常数项	-0.865 (0.851)	-0.694 (0.859)
观测值	450	450
R^2	0.424	0.425

注：***、**、*分别表示1%、5%、10%的显著性水平，括号内数值表示标准误。

由表 6 - 6 可知，农产品出口显著加剧了农业面源污染排放。出口规模每扩大 1%，农业面源污染排放增加 0.02%。农产品进口对农业面源污染无显著影响。模型中其他变量的符号、显著性和表 6 - 4 基本保持一致，说明回归结果具有稳健性。

2. 农产品国际贸易对农业面源污染影响的三效应分析

如前文所分析，农产品国际贸易通过规模效应、结构效应和技术效应影响农业面源污染。首先，农产品国际贸易的规模效应分别从出口和进口角度进行剖析：农产品出口规模的扩大会带动要素投入的数量增加和农药化肥施用强度提高，加剧农业面源污染排放量；而进口规模的扩大则会缩减国内同类产品的生产规模，从而减少因该类产品生产而可能产生的污染。农产品国际贸易的规模效应为进口与出口的综合效应。其次，农产品国际贸易的结构效应指对外贸易通过引入国际市场的竞争，影响国内市场价格，在国内资源禀赋的作用下引导国内农业生产向着更具比较优势的方向调整，并导致农业生产要素投入、种植作物和畜禽饲养品种发生变化进而对环境产生影响。最后，农产品国际贸易的技术效应是指农业生产者由于国际市场的信息传播、竞争压力或遭遇贸易壁垒进而学习先进清洁技术，降低了单位面积的化肥、农药等生产要素的施用强度，提升了农业废弃物的利用效率，从而减轻了农业面源污染。下面利用交叉项分别检验农产品国际贸易的规模效应、结构效应和技术效应。

（1）农产品国际贸易的规模效应。为检验农产品国际贸易对环境影响的规模效应，在式（6 - 4）中引入农产品国际贸易额与农业经济规模的交互项，形成模型如式（6 - 5）所示。

$$\ln E_{it} = a_0 + a_1 \ln Trade_{it} + a_2 \ln P_{it} + a_3 \ln Inc_{it} + a_4 \ln T_{it} + a_5 \ln FS_{it} + a_6 \ln Str_{it} +$$
$$a_7 \ln KL_{it} + a_8 (\ln Inc_{it})^2 + a_9 \ln GDP_{it} + a_{10} \ln Trade_{it} \times \ln GDP_{it} + \beta_i +$$
$$\gamma_t + \delta_{it} \qquad (6 - 5)$$

其中，$\ln Trade_{it} \times \ln GDP_{it}$ 表示贸易额与农业经济规模的交互项，其他变量同式（6 - 4）。运用双向 FE 对其进行检验，结果如表 6 - 7 所示。表中各变量均取对数。

表 6-7　农产品国际贸易规模效应的交互项检验

变量	双向 FE 农业面源污染
农产品贸易规模	-0.115 ***
	(0.033)
农村人口规模	0.329 ***
	(0.052)
农村富裕程度	2.592 ***
	(0.272)
农村富裕程度的 平方项	-0.121 ***
	(0.018)
农业技术投入	0.090 **
	(0.038)
农业财政支出	0.001
	(0.028)
农业产业结构	0.182 ***
	(0.038)
农业 GDP	-0.014
	(0.017)
农业要素禀赋结构	-0.075
	(0.085)
农产品贸易规模与 农业 GDP 的交互项	0.019 ***
	(0.005)
sigma_ u	0.539
sigma_ e	0.075
rho	0.981
常数项	2.023
	(0.842)
观测值	450
R^2	0.689

注：*** 、** 、* 分别表示1%、5%、10%的显著性水平，括号内数值表示标准误。

根据表 6-7 双向 FE 的结果，贸易额和 GDP 的交互项系数为正数，并且通过了 1% 的显著性水平检验。以上回归结果均表明，贸易的规模效应加剧了农业面源污染，这可能是由于农产品出口规模的扩大带来了一定的环境压力。种植类产品的出口增加了农田化肥、农药、塑料薄膜的使用以及农作物秸秆废弃物的数量，畜产品的出口和生产加剧了畜禽粪便的排放。出口实质是将国外农产品生产过程中的耗能和污染转移到了国内，导致国内的资源流失和环境的恶化。

（2）农产品国际贸易的结构效应。为检验农产品国际贸易对环境影响的结构效应，在式（6-4）中引入农产品国际贸易额与农业要素禀赋结构的交互项，形成模型如式（6-6）所示。

$$\ln E_{it} = a_0 + a_1 \ln Trade_{it} + a_2 \ln P_{it} + a_3 \ln Inc_{it} + a_4 \ln T_{it} + a_5 \ln FS_{it} + a_6 \ln Str_{it} +$$
$$a_7 \ln KL_{it} + a_8 (\ln Inc_{it})^2 + a_9 \ln GDP_{it} + a_{10} \ln Trade_{it} \times \ln KL_{it} + \beta_i + \gamma_t + \delta_{it}$$
$$(6-6)$$

其中，$\ln Trade_{it} \times \ln KL_{it}$ 表示贸易额与农业要素禀赋结构的交互项，其他变量同式（6-4）。运用双向 FE 对其进行检验，结果如表 6-8 所示。表中各变量均取对数。

表 6-8　农产品国际贸易结构效应的交互项检验

变量	双向 FE 农业面源污染
农产品贸易规模	0.082 ** (0.038)
农村人口规模	0.281 *** (0.053)
农村富裕程度	2.698 *** (0.297)
农村富裕程度的平方项	-0.129 *** (0.020)
农业技术投入	0.075 * (0.038)

变量	双向 FE 农业面源污染
农业财政支出	-0.005
	(0.029)
农业产业结构	0.201***
	(0.038)
农业 GDP	-0.185***
	(0.068)
农业要素禀赋结构	0.193***
	(0.060)
农产品贸易规模与农业 要素禀赋结构的交互项	-0.012**
	(0.005)
sigma_u	0.539
sigma_e	0.075
rho	0.981
常数项	-1.023
	(0.858)
观测值	450
R^2	0.434

注: ***、**、*分别表示1%、5%、10%的显著性水平,括号内数值表示标准误。

根据表6-8双向 FE 的结果,贸易额和要素禀赋结构的交互项系数为负,且通过了5%的显著性检验。以上回归结果均表明,农产品国际贸易的结构效应减轻了农业面源污染排放。农产品国际贸易结构效应的正负是由我国不同污染密集型农产品的比较优势所决定。根据要素禀赋理论,中国作为劳动力资源充足但土地资源匮乏的农业大国,相对于美国等农产品出口大国,在土地密集型农产品出口上具有比较劣势而在劳动密集型农产品出口上具有比较优势。贸易诱发中国出口劳动密集型农产品而进口土地密集型农产品,劳动密集型农产品相对于土地密集型农产品的污染排放度要低,因而农产品国际贸易的结构效应减轻了农业面源污染。

（3）农产品国际贸易的技术效应。为检验农产品国际贸易对环境影响的技术效应，在式（6-4）中引入农产品国际贸易额与农业技术投入的交互项，形成模型如式（6-7）所示。

$$\ln E_{it} = a_0 + a_1 \ln Trade_{it} + a_2 \ln P_{it} + a_3 \ln Inc_{it} + a_4 \ln T_{it} + a_5 \ln FS_{it} + a_6 \ln Str_{it} +$$
$$a_7 \ln KL_{it} + a_8 \left(\ln Inc_{it}\right)^2 + a_9 \ln GDP_{it} + a_{10} \ln Trade_{it} \times \ln T_{it} + \beta_i + \gamma_t + \delta_{it}$$

$$(6-7)$$

其中，$\ln Trade_{it} \times \ln T_{it}$ 表示贸易额与农业技术投入的交互项，其他变量同式（6-4）。运用双向 FE 对其进行检验，结果如表 6-9 所示。表中各变量均取对数。

表 6-9　农产品国际贸易技术效应的交互项检验

变量	双向 FE 农业面源污染
农产品贸易规模	-0.125
	(0.081)
农村人口规模	0.312 ***
	(0.052)
农村富裕程度	2.276 ***
	(0.280)
农村富裕程度的平方项	-0.103 ***
	(0.018)
农业技术投入	-0.123
	(0.111)
农业财政支出	-0.010
	(0.029)
农业产业结构	0.200 ***
	(0.039)
农业 GDP	-0.016
	(0.017)
农业要素禀赋结构	0.156 **
	(0.062)

变量	双向 FE 农业面源污染
农产品贸易规模 与农业技术投入的交互项	0.014 (0.008)
sigma_ u	0.049
sigma_ e	0.076
rho	0.975
常数项	− 0.671 (0.858)
观测值	450
R^2	0.678

注：＊＊＊、＊＊、＊分别表示1%、5%、10%的显著性水平，括号内数值表示标准误。

根据表6－9的结果，贸易额和技术投入的交互项系数为正，但并未通过显著性水平检验。贸易开放为技术传播和引进提供了平台，而清洁技术的引入可以节约资源、减轻污染。从本书的回归结果可知，贸易开放推动农业技术方面的投入，有利于减轻农业面源污染，但影响不显著，这与中国农业技术投入一直处于低水平的基础状况有着密切关系。由此可知，农产品国际贸易的技术效应对农业面源污染排放无显著影响。

四、结论

本部分利用2002~2016年30省份的面板数据，使用双向FE模型研究贸易自由化对中国农业面源污染的影响，研究结果表明，中国农产品国际贸易规模的扩大总体加剧了农业面源污染。农民人均收入水平与农业面源污染排放呈现倒"U"形关系，存在"环境库兹涅茨效应"。农业技术人员投入量的增加和农业产业结构中畜禽养殖业比重的上升提高了农业面源污染排放量，而农业财政支出的增加则减轻了农业面源污染。此外，农产品国际贸易加剧了TP和COD的排放，但是对TN排放无显著影响。农产品出口规模的扩大增加了农业面源污染排放量，但农产品进口规模对农业面源污染排放无显著影响。通过贸易与经济规模的交互项、贸易与要素禀赋结构的交互项以及贸易与技术投入的交互项的检验结果可知，贸易的规模效应显著加剧了农业面源污染，结构效应减轻了农业面源污染，但技术效应对农业面源污染无显著影响。

第二节　农产品国际贸易对农业 TFP 的影响

本节利用省级面板数据实证检验农产品国际贸易与农业 TFP 之间的关系，区分出口和进口的 TFP 效应，并对各变量的弹性系数展开探讨。

一、计量模型与研究方法

1. 计量模型

Coe 和 Helpman（1995）所开创的国际研发知识溢出模型，已成为学界探讨对外贸易的技术溢出效应的标准范式。随后研究者不断对知识溢出权重指标进行完善，添加各种控制变量，或采用不同的样本数据和实证方法进行检验。本书对该模型进行拓展，引入农产品国际贸易、农业外商直接投资、农业技术投入、农业人力资本、农业财政支出和农业要素禀赋结构等因素考察农产品国际贸易与农业 TFP 的关系。

Coe 和 Helpman（1995）提出，开放经济中一国 TFP 变化一方面受本国研发知识资本存量影响，另一方面与国际研发知识资本存量相关，并据此提出了模型如式（6-8）所示。

$$\ln F_i = a_i^0 + a_i^d \ln S_i^d + a_i^f \ln S_i^f \qquad (6-8)$$

其中，F_i 代表 TFP，以农业 TFP 表征。S_i^d 代表国内的研发知识资本，以农业技术投入和农业人力资本表示，而 S_i^f 则代表国际研发知识资本溢出，以农产品国际贸易和农业外商直接投资额进行衡量。本书在此基础上，对模型进行拓展，加入影响知识溢出效应的其他因素，包括农业财政支出、农业要素禀赋结构等变量，具体如下：

农产品国际贸易。已有研究认为，农产品国际贸易对 TFP 的影响主要通过进口的竞争效应、示范效应，出口的规模效应、学习效应和产业链效应等渠道实现。一方面，农产品进口贸易带来了竞争，迫使本国生产者加大研发力度，模仿先进技术和管理方式，提高本国农产品的国际竞争力。竞争效应在短期内可能由于进口商品的市场份额挤占而抑制生产率的增长，长期则能通过外因的推动而转化为 TFP 增长的内在驱动力。同时，农产品进口带来的先进知识和管理方式在当地的研发投入和人力资本的共同作用下能够产生正向的学习效应，推动 TFP 的增长。另一方面，农产品出口扩大了国内的生产规模，加深分工提高行业生产效率，且国内生产者由于接触并学习国际市场的先进产品和服务而改进了 TFP。从产业链视角看，农产品出口商不仅对非出口商有示范效应，还会更为直接地指导其产业链上下游生产商改进生产工艺和管理方式，从而产生了前向和后向的溢出效应。本书预期农产品国际贸易对农业 TFP 有正向影响。

农业外商直接投资。外商直接投资在跨国流动时，尤其是自发达国家向发展中国家流动时，资本所包含的先进技术、生产方式和管理理念等会通过各种渠道向东道国产生非自愿扩散。投资方无法独占扩散的收益，且这种外部性带动了东道国企业生产率的提升，则称之为外商直接投资的技术溢出效应。姚升、王光宇（2014）基于农产品加工业 12 个子行业的面板数据展开研究，结果表明外商直接投资显著提升了农产品加工业的 TFP。魏锴等（2013）在探讨农业技术进步路径选择时提出，"九五"之后中国引进 1500 多项农业技术和 80000 多份种质资源，外资进入对于缩短中国与发达国家之间的技术差距发挥了重要作用。林建、廖杉杉（2014）利用动态面板数据检验中国农业外商直接投资对农业科技进步的贡献率，发现农业外商直接投资显著促进了农业科技进步。但也有部分研究表明，外商直接投资可能不利于东道国 TFP 的增长。孙骏、蔡贤恩（2010）基于福建省的时间序列数据展开研究，结果表明外商直接投资不利于当地的农业技术进步，产生了挤出效应。杨光（2015）发现中国农业民族品牌和涉农企业的创新能力并不能通过引入外商直接投资得到提升。马巍等（2016）发现农业外商直接投资的溢出效应存在基于经济发展水平的门槛异质性。经济发展水平未跨越门槛值之前，农业外商直接投资的技术溢出效应难以被吸收，外商直接投资的进入阻碍了当地的农业技术进步，而经济发展水平跨越门槛值后，农业外商直接投资的技术溢出效应才有所体现。农业外商直接投资对 TFP 产生正向或者负向的效应取决于其技术溢出效应还是竞争挤出效应起决定作用。

农业技术投入。新古典经济学认为，由于投入要素的边际报酬递减，无法解释经济的长期增长。而内生增长理论认为，研发活动是促进国家创新、人力资本增长和知识溢出的有效投入之一，正是因为研发技术投入促进了 TFP 增长进而保证了经济的可持续增长。技术水平是一个地区实现生产率高速增长的保障。当技术水平较低时，生产者往往采用落后的生产方式和管理理念，生产的增长主要是依赖要素的大量投入来实现。当技术水平发展到一定程度时，软硬件的配套为生产者吸收对外开放所带来的技术和知识创造了条件，也为研发人员整合资源进行有效创新奠定了基础。本书预期农业技术投入对农业 TFP 有正向影响。

农业人力资本。目前中国农业现代化程度较低、劳动生产率不高，导致保障国家粮食安全和农产品供给存在压力。面对农业发展的多重困境，提高人力资本水平是解决农业发展约束、促进农村经济长期稳定增长的关键因素之一。Benhabib 和 Spiegel（1994）认为，在理论上人力资本通过两种机制影响 TFP：一是通过提高技术创新能力而影响 TFP；二是通过对技术领先国家的技术模仿和技术追赶而影响 TFP。农业人力资本水平代表着区域创新和学习能力的强弱。如果某地区人力资本水平较高，该地区农民或者农技人员更易通过模仿相对发达国家的进口产品而提高产品技术含量，通过自我研发、引进新技术和模仿国外技术来提高本国的农业生产率，在面对国际市场产品竞争和贸易壁垒时，能够调整生产结构，发挥比较优势。因此，本书预期农业人力资本对农业 TFP 有正向影响。

农业财政支出。农业财政支出主要包括支援农业生产费用支出、各项事业费支出、农业基本建设支出和农业科技三项费用支出，以下逐项分析其对农业 TFP 的影响。首先，国家财政的"支援农业生产费用"主要包括农业产业发展资金、小型农田水利和水土保持补助费等。对经济落后地区而言，存在资金瓶颈，农业自身积累效果弱，农业产业发展资金的支出与个体农户手中的分散资金相结合，形成资金合力，弥补资金缺口，整合各生产要素，促进产业化和规模化经营，有利于农业生产效率的提升。而小型农田水利和水土保持补助费支出在改善农业生产条件、降低农业生产成本、提高农民种植的积极性和农田产出质量方面发挥着重要作用。其次，"各项事业费"是指国家财政支出中用于农业事业发展以及提供相应支持与服务的部分。该项支出对经济较发达地区的农业生产率提高有着更突出的作用。对经济较发达地区而言，农业自身积累效果较强，各项事业费的支出可用于维持农业事业部门的正常运作，提供农村生产服务，培训先进农业技术和宣传先进管理方式，增加农业产出。再次，国家财政用于农村道路建设、农村电网与水利工程、土壤改良与平整、江河治理等农业基础设施的建设与改造方面的投资属于"农业基本建设"支出。农村道路建设、农村电网与水利工程等投资不仅增加了农民生活的便利性，还为农业生产创造了良好的外部环境。土壤改良、江河治理等项目的支出则通过降低受灾率、改善农田质量以提高产出率。最后，"农业科技三项经费"是国家财政中对新产品研制、中间试验和科研补助方面的支出。国家财政作为目前农业科研资金的主要来源，为农业科技的研发、推广以及成果的转化提供了资金保障。新设备、新机器的使用扩大了生产规模，降低了生产成本，提高了生产效率。农业科技的培训与推广，提高了农民的素质，增加了边际产出，进而带动了农业 TFP 的增长。本书预期农业财政支出对农业 TFP 有正向影响。

农业要素禀赋结构。农业要素禀赋结构即劳均农业固定资产投入额的提高不仅意味着各种生产要素的集聚和有效利用，还是进行研发、引进优势人力资本、使用先进技术的基础。农业固定资本投入水平不仅直接影响农村公路、水利、电力等基础设施状况，对于提高农业生产率也有重要意义。对于投资少、基础设施落后的地区而言，农业生产者难以通过广播、电视以及网络获取现代农业生产技术和信息。而基础设施强的地区的生产者不仅可以通过各种现代媒体获取信息，还可以到当地的农技站参加培训，进行交流，获取信息。因而，劳均农业固定资产投入额高的地区更容易推广先进的农业科学技术，而投入额低的地区相对更难推广农业科学技术，自然农业科技水平会存在差距。本书预期农业要素禀赋对农业 TFP 有正向影响。

综上所述，本书依据研究目的，并参照已有研究对 Coe – Helpman 模型进行拓展后，得到模型如式（6 – 9）所示。

$$\ln TFP_{it} = a_0 + a_1 \ln Trade_{it} + a_2 \ln FDI_{it} + a_3 \ln T_{it} + a_4 \ln HC_{it} + a_5 \ln FS_{it} +$$
$$a_6 \ln KL_{it} + \varepsilon_{it} \qquad\qquad (6-9)$$

其中，TFP_{it} 代表各省份各年的农业 TFP。$Trade_{it}$ 代表农产品国际贸易规模，FDI_{it} 代表农业外商直接投资，T_{it} 代表研发投入水平，HC_{it} 代表农业人力资本，FS_{it} 代表农业财政支持，KL_{it} 代表要素禀赋结构。

2. 研究方法

本书使用面板数据进行研究。面板数据不仅能反映个体之间存在的异质性，而且可以克服时间序列分析受到的多重共线性的困扰。面板数据模型同时使用截面、时期和变量三个方面的信息。如果模型设置不恰当，模型估计得到的结果会与要解释的经济学现象之间产生偏差。在对模型进行估计之前，首先检验截距与系数是否对所有截面相同。为了避免模型设定的偏误，需要检验样本数据符合何种面板模型形式，以改进面板模型参数估计的有效性。由于数据限制，本书实证的样本时期仅有 15 年，因此假定系数是不变的。后文主要关注混合 OLS 模型、FE 模型和 RE 模型的估计结果。同时，由于经济因素变化本身均具有一定的惯性，个体的当前行为往往取决于其过去的行为模式，存在一定的惯性，农业 TFP 的变动和提高都是一个连续动态的过程。因此，本书构建动态面板模型，引入 TFP 的滞后期变量以获得更有效的估计结果，采用 GMM 模型以提高估计效率和提升估计效果。系统 GMM 相对于差分 GMM 的弱工具变量性其结果更为稳健，本书采用系统 GMM 模型并构建模型如式（6 – 10）所示。

$$\ln TFP_{it} = a_0 + a_1 \ln TFP_{it-1} + a_2 \ln Trade_{it} + a_3 \ln FDI_{it} + a_4 \ln T_{it} + a_5 \ln HC_{it} +$$
$$a_6 \ln FS_{it} + a_7 \ln KL_{it} + \delta_{it} \qquad\qquad (6-10)$$

其中，通过引入被解释变量的滞后项 $\ln TFP_{it-1}$ 作为工具变量，以解决内生性问题。其他变量同式（6 – 9）。

二、变量选取与数据来源

1. 变量选取

此处被解释变量为农业 TFP。本书在进行农业 TFP 测度时，选取全国 30 个省份（考虑到数据的可获得性和平稳性，不包括西藏、香港、澳门和台湾）2002～2016 年的数据进行实证研究。参照已有研究，选取的产出变量为农、林、牧、渔业总产值，投入变量为与农业生产有密切联系的农用机械总动力、化肥施用量、农作物播种面积、农用役畜数量和第一产业从业人数。第五章通过 DEA 模型对以上变量进行测算所得农业 TFP 指数为上年为 1 的环比变动指数，本章将其转化为 2002 年为 1 的同比累积增长指数作为实证模型的被解释变量。其他解释变量如表 6 – 10 所示。

表 6 – 10 变量定义以及测算方法

	变量名称	缩写	变量测算方法
被解释变量	农业全要生产率	*TFP*	通过 DEA 模型测算所得
解释变量	农产品国际贸易规模	*Trade*	农产品进出口总额
	农产品出口规模	*Exp*	农产品出口总额
	农产品进口规模	*Imp*	农产品进口总额
	农业外商直接投资额	*FDI*	外商直接投资额与农业在三次产业中的占比的乘积
	农业人力资本	*HC*	各地区劳动力的平均受教育年限
	农业技术投入	*T*	公有经济企事业单位农业技术人员数量
	农业财政支出	*FS*	农、林、牧、渔业财政支出
	农业要素禀赋结构	*KL*	劳均农业固定资产投资额

表 6 – 10 中，农业人力资本用农村劳动力平均受教育年限（年）来衡量农村人力资本，但受限于农业人力资本数据不可得，取各省份抽样调查的人力资本数据对其进行衡量。依据已有研究，参考如下公式将各地区劳动力不同受教育程度的人口比重与相应受教育程度的教育年限相乘，得到

各地区劳动力的平均受教育年限：

劳动力平均受教育年限 = 文盲与半文盲人口比重 × 0 + 小学人口比重 × 6 + 初中人口比重 × 9 + 高中和中专人口比重 × 12 + 大专及以上人口比重 × 15.5

2. 数据来源

考虑到数据的可获得性和平稳性，本书选取中国 30 个省份（不包括西藏、香港、澳门和台湾）数据进行实证研究。分析所用数据来自于《中国农业统计年鉴》《中国农产品进出口月度统计报告》和 EPS 数据平台。农业财政支出和农业要素禀赋结构已折算成 2002 年不变价格。农产品对外贸易额以及农业外商直接投资额按照历年人民币平均汇率均价换算，并折算成 2002 年不变价格。变量的描述性统计如表 6 - 11 所示。

表 6 - 11　变量的描述性统计

变量	观测值	均值	方差	最小值	最大值
TFP	450	1.04	0.07	0.86	1.49
Trade	450	2423533	3826027	3543.08	25892799
Exp	450	983908.90	1572994	3507.43	10686178
Imp	450	1439624	2507010	0.62	16352118
FDI	450	3910778	4747961	74750.55	30408194
HC	450	8.58	0.97	6.08	12.12
T	450	22350.74	12104.09	2186	56991
FS	450	219.33	205.84	7.02	1008.60
KL	450	2113.73	1451.65	256.57	10201.41

本部分对所有变量取自然对数以消除异方差，并与计量模型保持一致。另外，为了避免伪回归，本书对所有变量取对数并进行了单位根 LLC 检验、Breitung t - stat 检验、IPS 检验、ADF 检验、PP 检验，结果如表 6 - 12 所示。单位根检验结果表明，所有变量的一阶差分都在 10% 水平上显著，表明面板数据在整体上是平稳的。

表6-12 面板数据平稳性检验

变量		Levin, Lin & Chut*	Breitung t-stat	Im, Pesaran and Shin W-stat	ADF-Fisher Chi-square	PP-Fisher Chi-square
lnTFP	水平值	-15.16***	-7.84***	-10.21***	203.97***	288.23***
	一阶差分	-23.89***	-10.77***	-16.90***	317.72***	532.69***
lnTrade	水平值	-7.39***	0.34	-2.89***	110.26***	139.97***
	一阶差分	-22.29***	-8.28***	-14.09***	255.74***	302.50***
lnExp	水平值	-18.19***	1.29	-12.005***	200.30***	112.33***
	一阶差分	-25.49***	-8.82***	-14.33***	225.11***	314.26***
lnImp	水平值	-8.15**	3.24	-4.20***	118.06***	161.65***
	一阶差分	-15.06***	-5.97***	-10.15***	205.85***	284.29***
lnFDI	水平值	-3.80***	1.84	-1.91***	113.56***	85.28**
	一阶差分	-19.72***	-1.10***	-12.54***	226.47***	258.29***
lnHC	水平值	-9.14***	-2.61***	-5.46***	129.70**	102.87***
	一阶差分	-16.67***	-9.49***	-11.01***	215.75***	306.40***
lnT	水平值	-2.00**	-4.33***	0.56	79.73**	97.19**
	一阶差分	-19.22***	-8.58***	-11.86***	231.37***	311.33***
lnFS	水平值	-13.95***	-9.05***	-8.75***	180.85***	161.38***
	一阶差分	-22.57***	-6.74***	-16.42***	306.21***	367.39***
lnKL	水平值	-10.72***	-7.06***	-6.39***	135.89***	143.10***
	一阶差分	-16.75***	-11.38***	-14.20***	259.87***	339.37***

注: ***、**、*分别表示1%、5%、10%的显著性水平。

三、实证检验与分析

本部分首先对农产品国际贸易的 TFP 效应进行检验,再分别对农产品出口和农产品进口的 TFP 效应进行检验。

1. 农产品国际贸易总额对农业 TFP 的影响

首先采用 OLS、RE 模型和 FE 模型,再采用系统 GMM 模型对农产品国际贸易与农业 TFP 的关系进行检验,结果如表 6-13 所示。表中所有变量均取对数。

表 6 – 13　农产品国际贸易总额对农业 TFP 影响的实证结果

变量	OLS 农业 TFP	RE 农业 TFP	FE 农业 TFP	系统 GMM 农业 TFP
农业 TFP 的 一阶滞后项				0.739 *** (0.054)
农产品贸易规模	0.018 (0.014)	0.021 (0.014)	0.047 *** (0.017)	0.049 *** (0.005)
农业外商直接投资	– 0.004 (0.015)	– 0.004 (0.015)	0.005 (0.017)	– 0.030 *** (0.006)
农业技术投入	– 0.005 (0.030)	0.002 (0.032)	0.060 * (0.044)	0.032 *** (0.012)
农业人力资本	0.659 *** (0.171)	0.671 *** (0.172)	0.677 *** (0.190)	0.656 *** (0.113)
农业财政支出	0.145 *** (0.012)	0.143 *** (0.012)	0.127 *** (0.013)	0.050 *** (0.009)
农业要素禀赋结构	0.001 (0.018)	0.001 (0.018)	0.001 (0.019)	– 0.099 *** (0.014)
常数项	– 1.949 *** (0.487)	– 2.083 *** (0.525)	– 3.079 *** (0.568)	– 1.319 *** (0.338)
AR（1）				0.000
AR（2）				0.156
Sargan				1.000
R^2	0.803	0.270	0.806	
观测值	450	450	450	420

注：***、**、* 分别表示 1%、5%、10% 的显著性水平，括号内数值表示标准误。

由表 6 – 13 的回归结果可知基于混合 OLS、RE 和 FE 模型的农产品国际贸易对农业 TFP 的影响。F 统计量的检验结果显示，个体间差异在统计意义上显著不为零，表明使用 FE 模型优于混合 OLS 模型。LM 统计结果显示，RE 模型优于混合 OLS 模型。Hausman 检验结果显示，Wald 统计量为547.11 且 p 值为 0，拒绝 FE 模型和 RE 模型不存在显著差异的原假设，因此采用 FE 模型对模型（6 – 10）进行估计比 RE 模型和 OLS 模型更合适。

FE 模型的回归结果显示：农产品国际贸易对农业 TFP 有显著的正向影响。采用系统 GMM 模型对动态面板进行估计，结果表明 Sargan 检验的 p 值为 1，无法拒绝"所有工具变量都有效"的原假设。AR（1）为 0.0003，AR（2）为 0.1558，表明扰动项差分不存在一、二阶自相关。由此可判断，动态面板模型的选择与设定是合理的，且估计结果具有一定可靠性。动态面板回归的结果显示，农产品国际贸易对农业 TFP 有显著的正向影响。下文以系统 GMM 回归结果为主，具体分析各变量的系数及其经济含义。

核心解释变量农产品国际贸易对农业 TFP 有显著的正向影响，贸易规模每增长 1%，农业 TFP 增长 0.05%。这与高奇正等（2018）、郝晓燕等（2017）、Gong（2018）的研究结论一致。加入 WTO 以来，农产品国际贸易作为国内供求缺口的弥补手段，主要从以下方面促进农业 TFP 的增长。首先，促进农业结构的调整和发展。一方面，优势农产品出口的扩大增加了对优势农产品的总需求，扩大优势产业在农业生产中的比重；另一方面，进口不具有优势的农产品弥补国内的需求缺口能够释放出更多生产要素，实现农业生产要素由劣势产业向优势产业的转移，优化农业产业结构。其次，农产品出口规模的扩大和日益激烈的市场竞争促使中国国内不断增加农业科技投入，推进农业领域的科技创新，培育优良品种和应用先进栽培技术，促使农产品出口部门率先进行技术革新和技术进步，由出口部门向非出口部门"外溢"，带动整个农业领域的技术进步创新。最后，农产品出口和进口贸易通过资源优化配置，已经实现农业产业结构由成本相对较高的小麦、玉米、大豆和棉花等土地密集型农作物向蔬菜、水果等劳动密集型农产品转移，农产品国际贸易结构和国内产业结构的耦合保障了国内农业生产能合理地利用国际资源弥补国内资源的不足，促进农业的稳定增长。

农业 TFP 滞后项的系数为正且显著，前一期农业 TFP 每增加 1%，则当期农业 TFP 增长 0.74%。该结果说明前一期农业 TFP 对当期农业 TFP 有显著影响，这与现实是相吻合的。农业 TFP 是一项涉及物质投入、劳动力投入、耕地投入等多种生产要素投入的系统工程。短期内，某一生产要素投入发生变化并不会对农业生产率产生立竿见影的效果，但是在较长的时期内，各生产要素互相匹配并且在一定的政策环境下会发生一些缓慢的变化。

这种变化存在路径依赖和时滞性。陆文聪、余新平（2013）在其研究中提到，自 1982 年到 2010 年，中国农业科技进步率总体呈现平稳中上升的趋势。这说明科技进步有其自身的规律，农业生产率的提升不可能一蹴而就。自国家提出科教兴国战略以来，中国科技事业不断进步，农业研发投入持续增加，也取得了一定成果，但是与其他行业相比，农业生产率进步偏慢，且主要还是依赖要素投入而非 TFP 增长的拉动。这种现象根源于中国农业长期以来落后的基础研究水平以及农业研发投入转化为实际生产力的瓶颈。因而当期农业 TFP 的增长一定程度上受到先期 TFP 的制约和影响。

农业外商直接投资对农业 TFP 有显著的负向影响。外商直接投资每增加 1%，农业 TFP 下降 0.03%。由于其自身的特殊性，农业长期受到融资困境和技术落后的困扰，尤其是科研资金短缺的问题，一直难以得到彻底的解决。自改革开放以来，中国提出了"以市场换技术"，试图通过引入外资带动国内的研发。在国家引资政策的作用下，外商直接投资大量进入了农业领域，对于推动当地经济增长和增加农民就业、收入起到了一定作用。但是，农业外商直接投资进入国内，主要还是流向投资回报率高的领域。而那些回报率低、回报周期长、风险大的领域主要依赖国内尤其是政府的农业科研资金投入，外商直接投资鲜有涉及。同时，外商直接投资的进入抢占了一部分市场，对国内生产者产生了挤出效应，国内生产者的生产效率可能受到抑制。另外，由于农业技术难以产品化，外资企业出于竞争压力可能会对其专利技术保密，人为地阻止溢出效应的产生和扩散。结果是，外商直接投资的增加不但不能带动东道国（地区）的技术进步，反而可能由于挤占市场而导致内资企业乃至全行业的 TFP 下降。从回归结果看，竞争效应强于技术溢出效应，农业外商直接投资对 TFP 产生了负向影响。

农业技术投入的增加对农业 TFP 有显著的正向影响，这与内生增长理论的观点相一致。农业技术投入每上升 1%，农业 TFP 上升 0.03%。改革开放以来，中国农业科技事业快速发展，对农业的支撑作用不断增强。陈萌山（2014）指出，近 30 年来中国已培育超过 1 万个农作物新品种，改良并育成 40 余种具有自主知识产权的优良畜禽品种和 50 余种水产新品种。小麦收割基本实现全程机械化，水稻机插实现了系统化集成，农业生产方式逐步由人畜力为主向机械作业为主转变。经过对盐碱化、涝渍化、酸化等中低产田的改造，黄淮海地区、三江平原以及南方红黄壤地区已成为中国重要的粮食生产基地。智能农机装备的研发和应用实现了无人机精准施药技术，大幅度地提高了生产效率。农产品深加工比例大幅提高，产业链的延伸有效地提高了产品附加值。《中国农业农村科技发展报告》中指出，中国已经取得了超级稻、转基因抗虫棉、禽流感疫苗等突破性成果。各种资源科技对粮食单产的贡献也不断增大。生物技术、信息技术、材料技术和环境资源技术的广泛使用，不断提升种植养殖技术、病虫害防治和农产品质量安全领域的研究水平。科技对农业增长的贡献率由"一五"时期的19.9%提高到2017年的57.5%，农业科技成为推动农业农村经济发展的主要力量（林克剑，2018）。从以上回归结果来看，农业技术进步正是农业TFP增长的重要源泉。所以，为了保证农业的长期增长，农业技术投入是极其重要的。

农业人力资本的提升对农业TFP有显著的正向影响。人力资本每上升1%，农业TFP上升0.66%。农业人力资本积累主要从以下两种渠道影响农业TFP。一方面，作为技术创新的载体，人力资本兼具效率功能和要素功能，是农业经济生产中的投入要素，更是农业经济发展的先决条件。一个地区人力资本越丰富，科技水平就越高，就越可以加速农业科研成果向市场转化的速度。另一方面，人力资本对于地区的农业经济增长有战略意义，对实物资本和货币资本的有效利用起着关键的决定作用。使用优质人力资本可以优化资源配置，提高生产效率，推动技术进步和生产可能性边界迅速扩张，从而具备更强的竞争优势。

农业财政支出的增加对农业TFP有显著的正向影响。农业财政支出每增加1%，农业TFP上升0.05%。政府对农业的财政投入弥补了农业发展的资金瓶颈，促进了农业产业化和规模化经营，改进了农业基础设施，为农业科研增加了经费来源，促进了农业科技成果的转化，改善了农业科研服务等。农业财政支出为农业生产率的提升奠定了坚实的基础。

农业要素禀赋结构升级，对农业TFP有显著的负向影响。农业要素禀赋结构升级表现为经济增长中农业资本投入对农业劳动投入比率的提高。实证结果显示，农业资本劳动比每上升1%，农业TFP就下降0.10%，这与理论预期不符。在改革开放以来经济快速发展的背景下，农业从各种渠道吸纳了较多的资本,本应有利于 TFP 的增长,但可能是由于人力资本不足,且农业投资过快过量,不但降低了资本收益率,而且偏离了合理的农业资源禀赋结构,从而导致农业 TFP 的下降。

2. 农产品出口与进口对农业 TFP 的影响

为考察农产品出口和农产品进口对农业 TFP 的影响,采用系统 GMM 模型分别检验农产品出口和农产品进口的 TFP 效应,结果如表 6 – 14 所示。表中所有变量均取对数。

表 6 – 14 农产品出口与进口对农业 TFP 的影响

变量	系统 GMM 农业 TFP	系统 GMM 农业 TFP
农业 TFP 的一阶滞后项	0.687 ***	0.726 ***
	(0.057)	(0.040)
农产品出口规模	0.058 ***	
	(0.013)	
农产品进口规模		0.009 ***
		(0.002)
农业外商直接投资	– 0.049 ***	– 0.015 **
	(0.010)	(0.007)
农业技术投入	0.017	0.008
	(0.012)	(0.017)
农业人力资本	0.578 ***	0.693 ***
	(0.110)	(0.090)
农业财政支出	0.058 ***	0.048 ***
	(0.010)	(0.006)
农业要素禀赋结构	– 0.094 ***	– 0.086 ***
	(0.013)	(0.013)
常数项	– 0.885 *	– 0.939 **
	(0.474)	(0.393)
AR (1)	0.001	0.000

变量	系统 GMM 农业 TFP	系统 GMM 农业 TFP
AR（2）	0.170	0.191
Sargan	1.000	1.000
观测值	420	420

注：***、**、* 分别表示 1%、5%、10% 的显著性水平，括号内数值表示标准误。

由表 6 - 14 的回归结果可知，农产品出口与进口对农业 TFP 有显著的正向影响。农产品出口规模每增加 1%，农业 TFP 增长 0.06%。农产品进口规模每增加 1%，农业 TFP 增长 0.01%。农产品出口的 TFP 效应要强于农产品进口的 TFP 效应。模型中其他变量的符号和表 6 - 14 的系统 GMM 模型回归结果基本保持一致，说明回归结果具有稳健性。

四、结论

本部分利用 2002 ~ 2016 年 30 个省份的面板数据，使用系统 GMM 模型研究农产品国际贸易规模对农业 TFP 的影响，研究结果表明，农产品国际贸易规模的扩大提高了农业 TFP。此外，农业外商直接投资规模的扩大和农业要素禀赋结构升级阻碍了农业 TFP 的增长，农业人力资本水平的提升、农业财政投入和农业技术投入的增加促进了农业 TFP 的增长。从农产品出口和进口各自对农业 TFP 的影响分析可知，农产品出口和进口均显著提升了农业 TFP，但农产品出口的 TFP 效应强于农产品进口的 TFP 效应。

第三节　本章小结

本章首先利用 2002 ~ 2016 年 30 个省份的面板数据，使用双向 FE 模型探讨贸易自由化对中国农业面源污染的影响，研究结果表明，中国农产品对外贸易规模的扩大总体加剧了农业面源污染。农产品出口规模的扩大增加了农业面源污染排放量，但农产品进口规模对农业面源污染排放无显著影响。农产品国际贸易的规模效应显著加剧了农业面源污染，结构效应减轻了农业面源污染，但技术效应对农业面源污染无显著影响。同时，本章使用系统 GMM 模型研究农产品国际贸易规模对农业 TFP 的影响，研究结果表明，农产品国际贸易规模的扩大提高了农业 TFP。农产品出口和进口均显著提升了农业 TFP，但农产品出口的 TFP 效应强于农产品进口的 TFP 效应。

第七章
农产品国际贸易对农业
绿色 TFP 影响的实证研究

关注中国农业绿色 TFP 的文献目前还十分有限。李谷成（2014），薛建良、李秉龙（2011），王奇等（2012），潘丹、应瑞瑶（2012）采用非径向距离函数对农业绿色 TFP 进行测度和衡量。姚增福、刘欣（2018）研究了要素禀赋结构、人力资本和农业环境效率的关系，叶初升、惠利（2016）探讨了农业财政支出对农业绿色 TFP 的影响，杜江等（2016）对农业增长和环境效率的关系进行探索，韩海彬、张莉（2015）则分析了农业信息化对农业环境效率影响的非线性效应。虽然贸易作为影响农业绿色 TFP 的一个控制变量出现在已有研究里，但对于贸易和农业绿色 TFP 关系的全面深入研究尚属空白。本章利用面板数据从线性效应和非线性效应的视角对两者关系进行探讨。

第一节　农产品国际贸易对农业绿色 TFP
影响的线性效应分析

一、计量模型与研究方法

1. 计量模型

本节在 Coe 和 Helpman（1995）模型的基础上进行扩展得到模型如式

（7－1）所示。

$$\ln F_i = a_i^0 + a_i^d \ln S_i^d + a_i^f \ln S_i^f \qquad (7-1)$$

其中，F_i 以农业绿色 TFP 进行表征，S_i^d 代表国内的研发知识资本投入，以农业技术投入和农业人力资本表示，而 S_i^f 则代表国际研发知识资本溢出，以农产品国际贸易额和农业外商直接投资额进行衡量。本书在此基础上，对模型进行拓展，加入影响绿色技术溢出效应的其他因素，包括农业财政支出、农业要素禀赋结构、农村富裕程度、农业产业结构等变量。具体如下：

农产品国际贸易。农产品国际贸易对农业绿色 TFP 的影响是农产品国际贸易的环境效应和农产品国际贸易的 TFP 效应的综合。由第六章分析结果可知，一方面，农产品国际贸易通过进口的竞争效应、示范效应，出口的规模效应、学习效应和产业链效应等渠道对农业 TFP 产生正向的影响。另一方面，农产品国际贸易通过规模效应、技术效应和结构效应对环境产生负向影响。因而农产品国际贸易对农业绿色 TFP 的影响方向有待进一步验证。

农业外商直接投资。由第六章分析结果可知，农业外商直接投资由于其竞争效应对农业 TFP 产生了显著的负向影响。此外，就农业外商直接投资的环境效应分析，根据"污染天堂假说"，发达国家严苛的环境规制也可能迫使一些污染严重的企业和行业将生产转移到国外，给东道国的环境带来压力。因此，本书预期农业外商直接投资对农业绿色 TFP 有负向影响。

农业技术投入。由第六章分析结果可知，农业技术投入对农业 TFP 有着显著的正向影响，这与内生增长理论的研发创新推动生产率进步的结论相一致。同时，从农业技术投入对农业环境污染影响的角度分析，农业技术投入加剧了农业环境污染。这可能是由于农业技术投入并未以绿色生产为导向，反而是在经济利润和短期绩效的驱使下增加了化肥、农药和农膜等生产要素的使用。因此，农业技术投入对农业绿色 TFP 的影响方向有待进一步验证。

农业人力资本。由第六章分析结果可知，人力资本水平的提升显著提升了农业 TFP 水平。同时，受教育程度的提高有利于人们提高环保意识，了解并遵守相应的环境法规。因此，本书预期人力资本水平提高对农业绿色 TFP 有正向影响。

农业财政支出。由第六章分析结果可知，农业财政支出对农业绿色 TFP 的影响主要体现在两方面：一方面，农业财政支出激励农业生产，促进农民增收，能够提供农业增长所需的外部条件，吸引优质人力资本，对各种要素进行高度整合以提高农业资源利用的效率。财政支出中用于农机购置补贴的项目可以通过收入效应、替代效应和乘数效应等改善农业生产条件，实现农业生产由人力役畜为主向先进科技装备为主的转变，提高了生产率。另一方面，农业财政支出中用于治理环境污染的部分有利于改善农业环境、减少污染。特别是对于有机农业、绿色生产技术的研发投入，更是形成减排和改善环境的有力支撑。本书预期农业财政支出对农业绿色 TFP 有正向影响。

农业要素禀赋结构。由第六章分析结果可知，农业要素禀赋结构升级意味着农业从各种渠道吸纳了较多的资本，但人力投入不足，而农业投资过快过量，可能降低资本收益率，从而导致农业 TFP 的下降。同时，农业资本劳动比的上升加速了资本投入对劳动投入的逐步替代，由此导致农田化肥、农药、农膜等生产要素的大量使用，从而加剧了农业面源污染。基于以上分析，本书预期农业要素禀赋结构升级对农业绿色 TFP 有负向影响。

农村富裕程度。农村富裕程度与农业生产方式的选择、农业技术的推广与应用以及农业生产效率的改进密切相关。冉启英、周辉（2017）研究发现农民收入水平与农业能源效率正相关。第六章的回归结果显示，农村富裕程度与农业面源污染之间存在环境库兹涅茨效应，即农民人均收入达到拐点之前，由于农民人均收入上升带动的生产和生活消费，导致农业资源消耗的增加和污染范围的扩大。在农民人均收入达到拐点之后，由于人们环保意识和环境规制的增强，农民人均收入的增加则伴随着农业面源污染排放的减少。基于以上分析，本书预期农村富裕程度与农业 TFP 存在非线性关系。在拐点之前，当农民收入水平上升时，污染加剧，则农业绿色 TFP 下降，到达拐点之后，随着农民收入水平上升，污染减轻，农业绿色 TFP 上升。

农业产业结构。不同产业由于其自身的特性，存在资源消耗量和污染物排放强度的差异。当资源消耗型和污染密集型行业在农业产业中占比上升或发展速度加快时，污染排放会加剧；反之，此类行业在农业产业中占比下降或发展速度减缓时，则污染会减轻。第六章分析结果显示，畜禽养殖业在农、林、牧渔业总产值中的比重上升会加剧污染。因此，本书预期农业产业结构中畜禽养殖业比重上升对农业绿色 TFP 的增长产生阻碍作用。

本书借鉴前人研究，基于以上分析对 Coe 和 Helpman （1995） 模型进行拓展，得到模型如式 （7 - 2） 所示。

$$\ln GTFP_{it} = a_0 + a_1 \ln Trade_{it} + a_2 \ln FDI_{it} + a_3 \ln T_{it} + a_4 \ln HC_{it} + a_5 \ln FS_{it} +$$
$$a_6 \ln KL_{it} + a_7 \ln Inc_{it} + a_8 (\ln Inc_{it})^2 + a_9 \ln Str_{it} + \varepsilon_{it} \qquad (7 - 2)$$

其中，$GTFP_{it}$ 代表各省份各年的农业绿色 TFP。$Trade_{it}$ 代表农产品国际贸易规模，FDI_{it} 代表农业外商直接投资额，T_{it} 代表农业技术投入水平，HC_{it} 代表人力资本水平，FS_{it} 代表农业财政支持，KL_{it} 代表农业要素禀赋结构，Inc_{it} 代表农村富裕程度，Str_{it} 代表农业产业结构。

2. 研究方法

在混合 OLS、FE 以及 RE 的模型选择上，F 统计量的检验结果显示，个体间差异在统计意义上显著不为零，使用 FE 模型优于混合 OLS 模型。LM 统计结果显示，RE 模型优于混合 OLS 模型。Hausman 检验结果显示，Wald 统计量为 632. 01 且 p 值为 0，拒绝 FE 模型和 RE 模型不存在显著差异的原假设，因此采用 FE 模型对式 （7 - 2） 进行估计，比 RE 模型和混合 OLS 模型更合适。

经济因素的变化往往受到过去行为模式的影响，存在一定的惯性。农业绿色 TFP 前期效率会对后期产生持续的影响。因此，本书构建动态面板模型，引入绿色 TFP 的滞后期变量以获得更有效的估计结果，采用 GMM 模型以提高估计效率和估计效果。相对于差分 GMM 的弱工具变量性，系统 GMM 的结果更为稳健，本章采用系统 GMM 模型对农产品国际贸易和农业绿色 TFP 的关系进行检验，构建模型如式 （7 - 3） 所示。

$$\ln GTFP_{it} = a_0 + a_1 \ln GTFP_{it-1} + a_2 \ln Trade_{it} + a_3 \ln FDI_{it} + a_4 \ln T_{it} + a_5 \ln HC_{it} +$$

$$a_6 \ln FS_{it} + a_7 \ln KL_{it} + a_8 \ln Inc_{it} + a_9 (\ln Inc_{it})^2 + a_{10} \ln Str_{it} + \varepsilon_{it}$$

$$(7-3)$$

式（7-3）通过引入被解释变量的滞后项 $\ln GTFP_{it-1}$ 作为工具变量解决内生性问题。其他变量同式（7-2）。

二、变量选取与数据来源

1. 变量选取

此处被解释变量为农业绿色 TFP。本书在进行农业绿色 TFP 测度时，参照已有研究，选取的期望产出变量为农、林、牧、渔业总产值，非期望产出变量为农业面源污染排放量，投入变量为与农业生产有密切联系的农用机械总动力、化肥施用量、农作物播种面积、农用役畜数量和第一产业从业人数。第五章中通过 SBM-ML 模型对以上变量进行测算的农业绿色 TFP 结果为上年为1的环比变动指数，本部分将其转化为 2002 年为1的同比累积增长指数作为实证模型的被解释变量。各变量的定义以及测算方法如表 7-1 所示。

表 7-1　变量定义以及测算方法

	变量名称	缩写	变量测算方法
被解释变量	农业绿色 TFP	*GTFP*	SBM-ML 模型测算结果
解释变量	农产品贸易规模	*Trade*	农产品进出口总额
	农产品出口规模	*Exp*	农产品出口总额
	农产品进口规模	*Imp*	农产品进口总额
	农业外商直接投资	*FDI*	外商直接投资额与农业在三次产业中的占比的乘积
	农业技术投入	*T*	公有经济企事业单位农业技术人员数量
	农业人力资本	*HC*	各地区劳动力的平均受教育年限
	农业财政支出	*FS*	农、林、牧、渔业财政支出
	农业要素禀赋结构	*KL*	劳均农业固定资产投资额
	农村富裕程度	*Inc*	农民人均收入
	农业产业结构	*Str*	畜牧业产值在农、林、牧、渔业总产值中的比重

2. 数据说明

考虑到数据的可获得性和平稳性，本书选取中国 30 个省份（不包括西藏、香港、澳门和台湾）数据进行实证研究。分析所用数据来自于《中国农业统计年鉴》《中国农产品进出口月度统计报告》和 EPS 数据平台。农民人均收入、农业财政支出、农业 GDP 已折算成 2002 年不变价格。农产品对外贸易额以及农业外商直接投资额按照历年人民币平均汇率均价换算，并折算成 2002 年不变价格。变量的描述性统计如表 7 - 2 所示。

表 7 - 2　变量的描述性统计

变量	观测值	均值	方差	最小值	最大值
GTFP	450	1.06	0.09	0.86	1.54
Trade	450	2423533	3826027	3543.08	25892799
Exp	450	983908.90	1572994	3507.43	10686178
Imp	450	1439624	2507010	0.62	16352118
FDI	450	3910778	4747961	74750.55	30408194
T	450	22350.74	12104.09	2186	56991
HC	450	8.59	0.97	6.08	12.12
FS	450	219.33	205.84	7.02	1008.60
KL	450	2113.73	1451.65	256.57	10201.41
Inc	450	1471.26	1131.93	65.50	5409.56
Str	450	31.44	9.09	13.80	58.02

本节对所有变量取自然对数以消除异方差。另外，为了避免伪回归，本书对所有变量进行单位根 LLC 检验、Breitung t - stat 检验、IPS 检验、ADF 检验、PP 检验，检验结果如表 7 - 3 所示。变量的单位根检验结果表明，所有变量的一阶差分都在 10% 水平上显著，面板数据在整体上是平稳的。

表 7 - 3　面板数据平稳性检验

变量		Levin, Lin & Chut*	Breitung t - stat	Im, Pesaran and Shin W - stat	ADF - Fisher Chi - square	PP - Fisher Chi - square
ln*GTFP*	水平值	- 17. 59***	- 11. 16***	- 11. 93***	232. 28***	344. 93***
	一阶差分	- 26. 54***	- 11. 93***	- 18. 89***	351. 33***	551. 25***
ln*Trade*	水平值	- 7. 39***	0. 34	- 2. 89***	110. 26***	139. 97***
	一阶差分	- 22. 29***	- 8. 28***	- 14. 09***	255. 74***	302. 50***
ln*Exp*	水平值	- 18. 19***	1. 29	- 12. 005***	200. 30***	112. 33***
	一阶差分	- 25. 49***	- 8. 82***	- 14. 33***	225. 11***	314. 26***
ln*Imp*	水平值	- 8. 15**	3. 24	- 4. 20***	118. 06***	161. 65***
	一阶差分	- 15. 06***	- 5. 97***	- 10. 15***	205. 85***	284. 29***
ln*FDI*	水平值	- 3. 80***	1. 84	- 1. 91**	113. 56***	85. 28**
	一阶差分	- 19. 72***	- 1. 10***	- 12. 54***	226. 47***	258. 29***
ln*HC*	水平值	- 9. 14***	- 2. 61***	- 5. 46***	129. 70**	102. 87***
	一阶差分	- 16. 67***	- 9. 49***	- 11. 01***	215. 75***	306. 40***
ln*T*	水平值	- 2. 00**	- 4. 33***	0. 56	79. 73**	97. 19**
	一阶差分	- 19. 22***	- 8. 58***	- 11. 86***	231. 37***	311. 33***
ln*FS*	水平值	- 13. 95***	- 9. 05***	- 8. 75***	180. 85***	161. 38***
	一阶差分	- 22. 57***	- 6. 74***	- 16. 42***	306. 21***	367. 39***
ln*KL*	水平值	- 10. 72***	- 7. 06***	- 6. 39***	135. 89***	143. 10***
	一阶差分	- 16. 75***	- 11. 38***	- 14. 20***	259. 87***	339. 37**
ln*Str*	水平值	- 7. 62***	2. 56	- 3. 20***	108. 81***	168. 63***
	一阶差分	- 18. 09***	- 4. 99***	- 12. 47***	243. 39***	332. 46***
ln*Inc*	水平值	- 6. 86***	- 7. 98***	- 4. 71***	107. 37***	107. 45***
	一阶差分	- 23. 29***	- 24. 16***	- 18. 04***	322. 11***	412. 66***

注：***、**、*分别表示 1%、5%、10% 的显著性水平，括号内数值表示标准误。

三、实证检验与分析

本部分首先对农产品国际贸易总额和农业绿色 TFP 的关系进行检验，然后分别对农产品进口和农产品出口的绿色 TFP 效应进行检验。

1. 农产品国际贸易对农业绿色 TFP 的影响

利用 FE 模型和系统 GMM 模型对农产品国际贸易和农业绿色 TFP 的关系进行检验,结果如表 7 - 4 所示。表中所有变量均取对数。

表 7 - 4　农产品国际贸易对农业绿色 TFP 影响的实证结果

变量	FE 农业绿色 TFP (未引入控制变量)	FE 农业绿色 TFP (引入控制变量)	系统 GMM 农业绿色 TFP (未引入控制变量)	系统 GMM 农业绿色 TFP (引入控制变量)
农业绿色 TFP 的 一阶滞后项			0.903 *** (0.008)	0.826 *** (0.042)
农产品贸易规模	0.375 *** (0.014)	0.077 *** (0.024)	0.058 *** (0.005)	0.096 *** (0.009)
农业外商直接投资		0.020 (0.024)		- 0.030 *** (0.011)
农业技术投入		0.174 *** (0.063)		- 0.061 * (0.022)
农业人力资本		1.243 *** (0.271)		0.891 *** (0.142)
农业财政支出		0.131 *** (0.025)		0.104 *** (0.010)
农业要素禀赋结构		0.175 *** (0.030)		0.006 (0.020)
农村富裕程度		- 3.665 *** (0.356)		- 2.159 *** (0.220)
农村富裕程度的 平方项		0.205 *** (0.019)		0.108 *** (0.013)
农业产业结构		- 0.182 *** (0.062)		- 0.003 (0.027)
AR (1)			0.078	0.001
AR (2)			0.235	0.101

变量	FE 农业绿色 TFP （未引入控制变量）	FE 农业绿色 TFP （引入控制变量）	系统 GMM 农业绿色 TFP （未引入控制变量）	系统 GMM 农业绿色 TFP （引入控制变量）
Sargan			1.000	1.000
常数项	-3.647 ***	9.611 ***	-0.690 ***	6.700 ***
	(0.134)	(1.410)	(0.062)	(1.530)
R^2	0.678	0.798		
观测值	450	450	420	420

注: *** 、 ** 、 * 分别表示 1% 、 5% 、 10% 的显著性水平，括号内数值表示标准误。

表 7-4 是农产品国际贸易总额对农业绿色 TFP 影响的实证结果。首先对 FE 回归结果进行分析。未进入控制变量时，农产品国际贸易对农业绿色 TFP 有着显著的正向影响；进入控制变量后，农产品国际贸易对农业绿色 TFP 依然有显著的正向影响。其次，观察系统 GMM 模型对动态面板的估计结果。Sargan 检验值为 1，因此无法拒绝"所有工具变量都有效"的原假设。AR（1）和 AR（2）检验值分别为 0.001 和 0.101，表明扰动项差分不存在一、二阶自相关。由此可知动态面板模型设定具有合理性。此处就系统 GMM 模型回归结果进行分析可知，进入控制变量前后，农产品国际贸易对农业绿色 TFP 均有显著的正向影响。进入控制变量前，农产品贸易规模每提升 1%，则农业绿色 TFP 提升 0.07%；进入控制变量后，农产品贸易规模每提升 1%，则农业绿色 TFP 提升 0.10%。从系数分析看，并未见得贸易对农业绿色 TFP 的影响要弱于对农业 TFP 的影响。这可能是由于 TFP 与绿色 TFP 的测算值是从不同的模型中获取的，无法进行准确的比较。但贸易开放显著提升了农业绿色 TFP，这与贸易产生了正向的技术溢出效应结论是互相对应的。贸易规模的扩大不但提高了农业 TFP，也提高了农业绿色 TFP。换言之，在考虑了污染成本的前提下，农产品国际贸易依然对农业生产率的提升起到了显著的促进作用。

从其他控制变量的系统 GMM 模型回归结果来看，农业绿色 TFP 滞后项的系数为正且显著。上一期农业绿色 TFP 每增长 1%，当期农业绿色 TFP 增长 0.79%。说明前一期农业绿色 TFP 对当期农业绿色 TFP 的影响是显著的，这与现实是相吻合的。农业生产率的增长受到前一期生产投入和技术进步的影响，同时，在农业生产中，受制于成本等因素，前期排放会对后期产生持续的影响。因而农业绿色 TFP 的增长也是一个连续动态的过程。

农业外商直接投资对农业绿色 TFP 有显著的负向影响。农业外商直接投资每增长 1%，农业绿色 TFP 下降 0.03%。改革开放以来，中国政府一直鼓励外商直接投资进入农业领域，以期为农业注入新的活力，传播先进的技术、生产方式以及管理理念。已有研究认为外商直接投资在溢出渠道畅通的条件下能够提升东道国的技术水平，拉动生产率的增长。但农业外商直接投资企业大多是基于中国的区位优势、丰富的农业资源和廉价的劳动力而进行投资和建立生产基地。由于农业技术难以产品化，中国的知识产权制度不够完善，鲜有农业外商直接投资企业主动转移生产技术，且部分转移的生产技术还存在与当地市场实际不匹配的风险。目前中国农业劳动力素质较为低下，大部分农业生产者难以模仿栽培、育种等先进技术和生产方式。此外，外商直接投资企业一方面因为挤占市场份额，引发本土企业人才流失产生了挤出效应，另一方面由于生产规模的扩大以及资源的消耗更是延缓了农业绿色转型的步伐，加剧了农业面源污染，抑制了农业绿色 TFP 的增长。

农业技术投入对农业绿色 TFP 有显著的负向影响。农业技术投入每增加 1%，农业绿色 TFP 下降 0.04%。从前文的回归结果可知，农业技术投入的增加有利于 TFP 的提升，但是同时农业技术投入也加剧了农业面源污染。这两者的综合结果是农业技术投入的增加对农业绿色 TFP 的增长产生了消极影响。这说明中国目前虽然对农业技术投入有一定的重视，投入了大量的人力、物力，但是存在投入结构不合理等问题。技术的应用更多还是为了增产增收而服务，却未能重视经济增长和环境保护的协调发展。农药、化肥、农膜的使用在拉动生产率增长的同时，却付出了环境的巨大代价。

农业人力资本对农业绿色 TFP 有显著的正向影响。农业人力资本水平每增加 1%，农业绿色 TFP 上升 0.76%。人力资本从以下两方面作用于农业绿色 TFP：第一，农业人力资本水平决定了生产者对新技术的学习和吸收的程度。人力资本水平越高，生产者接受和模仿新技术的能力就越强，更能将先进的生产方式和管理理念运用到生产过程中。人力资本通过"干中学"

不断积累生产经验和知识，促进分工和专业化，强化合作，传播先进技术和理念，提高了生产效率。第二，人力资本水平的提升同时有助于改善环境，减轻污染。人力资本水平提升促使生产者有更强的意愿和能力学习环保技术，减少能源使用，提高能源使用效率。此外，人力资本水平的提升也有助于公众增强节能减排意识和可持续发展理念，从而改变能源消费方式，进而带动农业绿色 TFP 的提升。

农业财政支出对农业绿色 TFP 有显著的正向影响。农业财政支出每上升 1%，农业绿色 TFP 上升 0.22%。环境保护具有外部性，是一种无法通过市场提供的公共产品，只有政府发挥作用才能实现资源的有效配置。而近年所倡导的"绿色财政"正是要求强化政府在环境保护、资源利用和技术创新方面的作用。一方面，政府财政通过补贴绿色生产，引导环保技术的开发和应用以遏制污染的产生，设置专门经费加强对污染的治理，避免中国成为"污染的天堂"。另一方面，财政支持通过对科技、教育的投入优化各种要素的组合，促进农业生产技术水平的提升，并通过形成物质资本、增加私人部门获得资源的便利度来提高农业资源利用效率。

农村富裕程度的一次项对农业绿色 TFP 有显著的负向影响，农村富裕程度的平方项对农业绿色 TFP 有显著的正向影响。该结果说明农民人均收入与农业绿色 TFP 之间存在"U"形关系。当农民人均收入水平较低时，人们在经济利益的驱动下，对各种资源的消耗以及对农药、化肥、农膜等生产投入要素的使用会加剧，经济利益的驱动促使人们消耗各种资源并增加农药、化肥、农膜等生产投入要素的使用，因此加剧了环境污染。当农民人均收入水平跨过拐点后，消费结构的变动和观念的改变会降低资源和污染性生产要素使用的需求，人们会更倾向于采用环保的方式生产，从而降低了环境的破坏程度。以上结果的出现，再度证实中国农业存在着"环境库兹涅茨效应"。

此外，农业要素禀赋结构对农业绿色 TFP 有正向影响，而农业产业结构中畜牧业占比的提高对农业绿色 TFP 有负向影响。但以上两个变量在系统 GMM 模型中的回归结果均不显著。

2. 稳健性检验

本部分的稳健性检验采用两种方法：首先利用差分 GMM 模型对农产品

国际贸易的绿色 TFP 效应进行检验，继而利用差分 GMM 模型考察农产品国际贸易的一阶滞后项对绿色 TFP 的影响，结果如表 7 - 5 所示。表中所有变量均取对数。

表 7 - 5　农产品国际贸易对农业绿色 TFP 影响的稳健性检验

变量	差分 GMM 农业绿色 TFP	差分 GMM 农业绿色 TFP
农业绿色 TFP 的 一阶滞后项	0.589*** (0.048)	0.436*** (0.055)
农产品贸易规模	0.086*** (0.009)	
农产品贸易规模的 一阶滞后项		0.037*** (0.014)
农业外商直接投资	0.004 (0.011)	0.010 (0.016)
农业技术投入	-0.056* (0.031)	-0.065** (0.031)
农业人力资本	1.099*** (0.249)	1.178*** (0.186)
农业财政支出	0.097*** (0.016)	0.077*** (0.016)
农业要素禀赋结构	0.019 (0.017)	0.016 (0.027)
农村富裕程度	-1.695*** (0.249)	-1.524*** (0.336)
农村富裕程度的 平方项	0.087*** (0.014)	0.072*** (0.019)
农业产业结构	0.005 (0.038)	-0.001 (0.040)
AR (1)	0.000	0.000
AR (2)	0.202	0.312
Sargan	1.000	1.000

变量	差分 GMM 农业绿色 TFP	差分 GMM 农业绿色 TFP
常数项	4.623 *** (1.16)	4.774 *** (1.527)
观测值	390	390

注：***、**、*分别表示1%、5%、10%的显著性水平，括号内数值表示标准误。

如表7-5第2列所示，差分 GMM 的检验结果显示贸易对农业绿色 TFP有显著的正向影响。除农业外商直接投资外，其他控制变量的符号和显著性也与表7-4的系统 GMM 回归结果基本保持一致，由此可知原回归结果稳健。

通过进出口贸易产生的国际技术溢出可能具有时滞性，即上一期的农产品贸易规模会对当期的农业绿色 TFP 产生影响。故而将模型中当期的农产品贸易规模替换成对应的一阶滞后项进行回归。表7-5第3列结果显示，贸易的滞后项的系数显著为正，但系数小于当期贸易额的系数。控制变量中，除外商直接投资变量的影响不显著外，其他控制变量的显著性和系数符号基本与表7-4的回归结果保持一致。这可能是由于外商直接投资对绿色 TFP 的影响随着时间推移而趋于弱化。因此，在考虑滞后效应的情况下，回归结果仍具有稳健性。

3. 农产品出口与进口对农业绿色 TFP 的影响

为分别观测农产品出口与进口对农业绿色 TFP 的影响，利用系统 GMM模型检验农产品出口的绿色 TFP 效应和农产品进口的绿色 TFP 效应，结果如表7-6所示。表中所有变量均取对数。

表7-6　农产品出口与进口对农业绿色 TFP 的影响

变量	系统 GMM lnGTFP	系统 GMM lnGTFP
农业绿色 TFP 的 一阶滞后项	0.919 *** (0.042)	0.909 *** (0.041)

续表

变量	系统 GMM lnGTFP	系统 GMM lnGTFP
农产品出口规模	0.096 *** (0.011)	
农产品进口规模		0.026 *** (0.004)
农业外商直接投资	-0.018 (0.011)	0.014 (0.015)
农业技术投入	-0.078 *** (0.025)	-0.068 *** (0.021)
农业人力资本	1.065 *** (0.125)	1.154 *** (0.136)
农业财政支出	0.091 *** (0.012)	0.083 *** (0.014)
农业要素禀赋结构	0.013 (0.020)	0.013 (0.021)
农村富裕程度	-2.031 *** (0.190)	-1.481 *** (0.221)
农村富裕程度的 平方项	0.099 *** (0.011)	0.069 *** (0.012)
农业产业结构	0.016 (0.023)	-0.001 (0.023)
AR (1)	0.000	0.000
AR (2)	0.103	0.003
Sargan	1.000	1.000
常数项	7.046 *** (1.069)	4.847 *** (1.156)
观测值	420	420

注：***、**、* 分别表示 1%、5%、10% 的显著性水平，括号内数值表示标准误。

由表 7-6 回归结果可知，农产品出口与进口对农业绿色 TFP 均有显著的正向影响。农产品出口规模每增加 1%，农业绿色 TFP 增长 0.10%。农产品进口规模每增加 1%，农业绿色 TFP 增长 0.03%。农产品出口的绿色 TFP 效应要强于农产品进口的绿色 TFP 效应。除农业外商直接投资外，其他变量的符号和显著性与表 7 - 4 的系统 GMM 的结果基本保持一致。

四、结论

前述利用 2002 ~ 2016 年 30 个省份的面板数据，使用静态和动态面板数据模型研究农产品国际贸易规模对农业 TFP 的影响，研究结果表明，农产品贸易规模的扩大提高了农业绿色 TFP。该结果通过了稳健性检验。从相关控制变量的回归结果可知，农民收入水平和农业绿色 TFP 之间存在先减后增的关系，农业外商直接投资规模的扩大和农业技术投入的增加对农业绿色 TFP 有显著的负向影响，但人力资本的提升和农业财政投入的增加显著提高了农业绿色 TFP。从农产品出口和进口各自对农业面源污染的影响分析可知，农产品出口和进口均显著提升了农业绿色 TFP，但农产品出口的绿色 TFP 效应强于农产品进口的绿色 TFP 效应。

第二节　农产品国际贸易对农业绿色 TFP 影响的非线性效应分析

吸收能力是国际技术产生溢出效应的充分条件，决定了各区域对先进技术的识别、获取、消化和再创造的过程。当地区的经济技术、基础设施等影响吸收能力的因素未达阈值时，输入的技术无法促进技术进步和技术效率的提升，农产品贸易无法带动农业绿色 TFP 的增长。只有地区的吸收能力跨越阈值时，农产品贸易才能对绿色生产率产生正向的推动作用。因而，在吸收能力的视角下，农产品贸易对绿色 TFP 的影响可能存在非线性效应。

部分学者已经就贸易与生产率增长之间的非线性关系展开研究。

Taberth 和 Bohara（2006）基于跨国面板数据展开研究，发现贸易开放和绿色 GDP 之间存在负向的非线性关系，而贸易开放与传统 GDP 和绿色 GDP 之间的差距存在正向的非线性关系。许和连等（2006）在新增长理论的框架下利用省级面板数据探讨贸易开放、人力资本和 TFP 的关系，结果发现贸易开放通过作用于人力资本而影响 TFP，这种效应在发达的东部地区较之于中西部地区更为显著。沈能、李富有（2012）以技术势差为门槛研究进口贸易溢出的空间异质性，结果表明技术势差小的沿海地区，进口贸易的溢出效应不明显，技术势差较大的中等技术水平区，进口贸易产生正向的溢出效应，但是正效应趋减。张少华、蒋伟杰（2014）实证研究加工贸易对环境 TFP 的影响，结果显示中国 30 个省份的加工贸易与环境 TFP 之间存在显著的倒“U”形关系。加工贸易占货物贸易比重未达拐点时，可以改善环境 TFP，但加工贸易占货物比重比超过拐点时，则对环境 TFP 产生负向影响。景维民、张璐（2014）基于不同角度对贸易自由化的绿色经济增长问题进行了探讨，发现进口在国内研发的配合下对绿色技术进步具有推进作用，出口则造成了负面影响。

以上研究采用的方法大多为分组检验或交叉项检验。分组检验的主要问题在于认为选取分割方式将样本划分为若干组。该方法无法判断分组的标准是否客观，无法对不同样本的异质性进行检验，更难以从数理统计层面准确估计门槛值。交叉项检验法则难以准确设定贸易与各吸收能力因素交互的形式，也存在较严重的内生性。Hansen（1999）通过引入门槛变量，构建解释变量回归系数的分段函数，并对门槛值和门槛效应进行了一系列检验，是对以上方法的改进。基于此，本节将利用省级面板数据，参考 Hansen 的门槛模型检验贸易对绿色 TFP 的影响是否存在基于主要吸收能力因素的门槛效应。

一、理论框架

中国地域辽阔，各地区在自然环境、地理区位、经济基础和政策倾斜等方面都存在一定差异，由此形成了各区的经济发展、人力资本、基础设施水平不平衡，进一步造成各区对知识和技术的吸收能力也大相径庭。只有一个地区的吸收能力跨域了门槛值之后，对外贸易和外资进入才能对当地产生正向的技术溢出效应。而未达门槛值之前，对外开放可能不影响当地的生产率甚至可能抑制生产率的增长。从相关研究来看，各地区的吸收能力可能取决于当地的经济发展水平、人力资本和基础设施建设水平。

1. 经济发展水平

首先，经济发展水平决定了当地的技术水平。对于经济较为落后的地区而言，更多的资金会投入生产部门，解决就业、温饱等更为迫切的民生问题。在解决了这些问题的基础上，政府才能将资金用于研发绿色技术和治理污染等领域。其次，经济发展水平决定了当地的学习能力。经济发达地区在科研、教育方面有更多的投入，因而对高层次人才有更强的吸引力。优秀的人力资本是吸收先进技术不可或缺的条件。在外来技术溢出和吸收的相关研究中，经济发展门槛效应已得到了郝晓燕等（2017）、何兴强等（2014）的检验与证实。而相较于传统技术投入，绿色技术的研发和应用需要更多的资金和更完善的配套设施。只有当地的经济发展到一定水平，才能有效地吸收农产品国际贸易溢出和扩散的绿色技术，从而促进本国（地区）绿色 TFP 增长。因此，本章提出假设 1：贸易开放对农业绿色 TFP 存在经济发展水平的门槛效应，经济发展水平越高，绿色技术溢出效应越显著。

2. 人力资本

在关于贸易的技术溢出的研究和文献中，人力资本一直是众多学者关注的吸收能力之一，国内外相关研究一致认为人力资本水平是影响进口贸易技术溢出水平的一个关键因素，但是对于其作用机制和作用效果不同学者的看法不一。Nelson 和 Phelps（1966）认为一国获取国外 R&D 技术溢出的关键在于人力资本的投入。Eaton 和 Kortums（1996）进一步证明了这一点，基于 OECD 成员国的面板数据，他们以一国的专利产出水平来衡量该国的创新能力和对外来资本溢出的利用能力，并研究对外贸易开展下的一国创新与科技水平的发展。结果表明，人力资本水平在对外来资本溢出的利用上具有关键作用。也有学者发现人力资本作用机制并非是完全正相关或负相关，而是存在一定的门槛效应。总体而言，地区人力资本水平越高，意味着这一地区生产者的整体知识素质和技能水平越高，也就越有助于本国生产者学习先进的生产技术、管理模式以及开展环保技术创新活动，从而有利于当地绿色 TFP 的提升。因此，本章提出假设 2：贸易开放对农业绿色 TFP 存在人力资本的门槛效应，人力资本水平越高，绿色技术溢出效应越显著。

3. 基础设施建设

关于基础设施外部性的研究已有一定的积累，但并未得出一致的结论。黄永明、陈宏（2018）基于省级面板数据，运用空间杜宾模型探讨经济基础设施和社会基础设施对于绿色 TFP 的影响，发现两者均促进了绿色 TFP 的增长，但抑制了邻近地区绿色 TFP 的增长。李谷成等（2015）的研究表明：公路设施是推进农业 TFP 增长的重要引擎，但农电设施对农业 TFP 影响不显著，灌溉设施甚至对农业 TFP 产生了负面影响。邓晓兰、鄢伟波（2018）利用动态面板模型探讨农村灌溉、道路、电力和医疗基础设施对我国农业 TFP 的影响，发现灌溉基础设施对农业 TFP 的正向影响最为显著，医疗基础设施的溢出效应要高于道路和电力基础设施。齐绍洲、徐佳（2018）在研究贸易开放对 "一带一路" 沿线国家绿色 TFP 的影响时发现：基础设施未跨越门槛值时，进口贸易的绿色 TFP 效应不显著，出口贸易则抑制了绿色 TFP 增长；跨越门槛值之后，进口贸易显著提升了绿色 TFP，出口贸易的负面影响也有所下降。基础设施通过降低产品和服务的运输时间及成本提高了信息获取的效率，加强了国内外市场的连通性，推动各产业更深地融入国际贸易体系，有利于贸易的技术溢出。同时，基础设施构筑了物流体系和交通枢纽，高效的物流网络可以减少能源消耗，垃圾和污水等处理设施又可减少污染排放，完善整个经济循环系统。如果基础设施不够完善，技术的传导效率会受影响，国际产业的融合度会降低，污染排放无法得到有效处理，贸易的绿色 TFP 效应可能无法体现。因此，本章提出假设 3：贸易开放对农业绿色 TFP 存在基础设施的门槛效应，基础设施水平越高，绿色技术溢出效应越显著。

二、计量模型与研究方法

为进一步探讨在不同的经济发展水平、人力资本和基础设施和水平下农产品国际贸易是否对农业 TFP 具有不同的作用机制，本书借鉴 Hansen（1999）门槛面板模型的方法，在式（7-3）的基础上建立门槛回归模型如式（7-4）、式（7-5）、式（7-6）所示（当 $r_1 = r_2$ 且 $a_3 = 0$ 时，为单一门槛模型）。

$$\ln GTFP_{it} = a_0 + a_1 \ln Trade_{it} \times I(\ln gdpp_{it} \leqslant r_1) + a_2 \ln Trade_{it} \times I(r_1 < \ln gdpp_{it}$$
$$\leqslant r_2) + a_3 \times \ln Trade_{it} \times I(\ln gdpp_{it} > r_2) + a_4 \ln FDI_{it} + a_5 \ln T_{it} +$$
$$a_6 \ln FS_{it} + a_7 \ln KL_{it} + a_8 \ln Inc_{it} + a_9 (\ln Inc_{it})^2 + a_{10} \ln Str_{it} + \varepsilon_{it}$$

$$(7-4)$$

$$\ln GTFP_{it} = a_0 + a_1 \ln Trade_{it} \times I(\ln HC_{it} \leqslant r_1) + a_2 \ln Trade_{it} \times I(r_1 < \ln HC_{it}$$
$$\leqslant r_2) + a_3 \times \ln Trade_{it} \times I(\ln HC_{it} > r_2) + a_4 \ln FDI_{it} + a_5 \ln T_{it} +$$
$$a_6 \ln FS_{it} + a_7 \ln KL_{it} + a_8 \ln Inc_{it} + a_9 (\ln Inc_{it})^2 + a_{10} \ln Str_{it} + \varepsilon_{it}$$

$$(7-5)$$

$$\ln GTFP_{it} = a_0 + a_1 \ln Trade_{it} \times I(\ln inf_{it} \leqslant r_1) + a_2 \ln Trade_{it} \times I(r_1 < \ln inf_{it} \leqslant$$
$$r_2) + a_3 \times \ln Trade_{it} \times I(\ln infs_{it} > r_2) + a_4 \ln FDI_{it} + a_5 \ln T_{it} +$$
$$a_6 \ln FS_{it} + a_7 \ln KL_{it} + a_8 \ln Inc_{it} + a_9 (\ln Inc_{it})^2 + a_{10} \ln Str_{it} + \varepsilon_{it}$$

$$(7-6)$$

其中，$GTFP_{it}$ 指农业绿色 TFP，门槛依赖变量 $Trade_{it}$ 指农产品国际贸易规模，门槛变量 $gdpp_{it}$ 为人均农业生产总值，HC_{it} 为人力资本，inf_{it} 为基础设施，r_1、r_2 为特定门槛值，I 为指示性函数，若括号中式子成立，则 I 取 1，否则取 0。其余变量中，FDI_{it} 代表农业外商直接投资额，T_{it} 代表农业技术投入，FS_{it} 代表农业财政支出，KL_{it} 代表农业要素禀赋结构，Inc_{it} 代表农村富裕程度，Str_{it} 代表农业产业结构。

三、变量选取与数据来源

本节变量选取方法同本章第一节，但增加了经济发展水平和基础设施水平两个门槛变量。经济发展水平以农业人均 GDP 进行衡量，基础设施水平参考李谷成等（2015）的研究，以有效灌溉面积衡量灌溉基础设施，以等级公路和等外公路加总后再除以各省份的国土面积衡量公路基础设施，以农村用电量来衡量农电基础设施。考虑到数据的可获得性和平稳性，本节选取中国 30 个省份（不包括西藏、香港、澳门和台湾）数据进行实证研究。分析所用数据来自于《中国农业统计年鉴》《中国农产品进出口月度统计报告》和 EPS 数据平台。农民人均收入、农业财政支出、农业人均 GDP 以及农业人均固定资产投资额已折算成 2002 年不变价格。农产品国际贸易规模以及农业外商直接投资按照历年人民币平均汇率均价换算，并折算成 2002 年不变价格。

四、实证检验与分析

本节对农产品贸易的绿色技术溢出效应中是否存在农业经济发展水平、农业人力资本水平和农村基础设施水平三门槛进行实证检验和分析。

1. 农业经济发展水平的门槛回归结果

（1）门槛条件检验。对式（7 - 4）进行经济发展水平门槛效应检验，检验结果如表 7 - 7 所示。根据门槛效果自抽样检验结果，单一门槛、双重门槛均通过显著性检验，于是本书选择双重门槛模型进行分析。

表 7 - 7　农业经济发展水平门槛效应检验结果

模型	F	P	Boottrap 次数	不同显著水平临界值		
				99%	95%	90%
单一门槛	113.701***	0.001	1000	7.463	3.901	2.762
双重门槛	28.465**	0.000	1000	6.638	4.191	2.874

注：***、**、*分别表示 1%、5%、10%的显著性水平。

（2）门槛估计值与置信区间。门槛条件通过检验后，需要识别门槛模型中的具体门槛值。表 7 - 8 汇报了双门槛的点估计值分别为 8.887 和

10.942。由表 7-8 可知，门槛值对应的 95% 置信区间范围较窄，门槛值的识别效果较为显著。此外，当门槛值位于对应的置信区间内时，LR 值小于 5% 显著性水平的临界值，说明门槛值具有一定真实性。

表 7-8　农业经济发展水平门槛估计值及置信区间

	估计值	95% 置信区间
第一门槛值	8.887	[8.042　8.921]
第二门槛值	10.942	[10.664　10.995]

（3）门槛回归结果分析。得到人均 GDP 的门槛值后，对式（7-4）的参数进行估计，结果如表 7-9 所示。表中所有变量均取对数。

表 7-9　农业经济发展水平门槛回归结果

变量	农业绿色 TFP
农业外商直接投资	-0.042
	(0.033)
农业技术投入	0.077 *
	(0.050)
农业财政支出	0.220 **
	(0.042)
农业要素禀赋结构	0.289 ***
	(0.032)
农村富裕程度	-0.367 *
	(0.411)
农村富裕程度的平方项	0.273 **
	(0.011)
农业产业结构	-0.058
	(0.031)

续表

变量	农业绿色 TFP
低经济水平区	0.043 **
（lngdpp≤8.887）	(0.015)
中等经济水平区	0.047 ***
（8.887＜lngdpp≤10.942）	(0.024)
高经济水平区	0.085 ***
（lngdpp＞10.942）	(0.020)
观测值	450

注：＊＊＊、＊＊、＊分别表示1%、5%、10%的显著性水平，括号内数值表示标准误。

由表7－9的结果可知，当人均GDP处于低水平区间时，贸易规模对农业绿色TFP的影响显著为正，系数为0.043。当人均GDP水平处于中间区间时，贸易规模对农业绿色TFP的影响显著为正，系数为0.047。当人均GDP水平处于高水平区间时，贸易规模对农业绿色TFP有显著的正向影响，系数为0.085。随着人均GDP水平的提高，农产品贸易对农业绿色生产率的影响呈现梯次上升、不断增强的趋势。经济发达地区的开放度高，贸易规模大，同时其人力和资金的投入充足，研发和学习能力强，环境保护意识强，因而贸易对绿色TFP的正向影响更为显著。该实证结果证实了假设1。

2. 农业人力资本的门槛回归结果

（1）门槛条件检验。对式（7－5）进行人力资本门槛效应检验，检验结果如表7－10所示。根据门槛效果自抽样检验结果，单一门槛、双重门槛均通过显著性检验。因此，本书选择双重门槛模型进行分析。

表7－10 农业人力资本门槛效应检验结果

	F	P	Boottrap 次数	不同显著水平临界值		
				90%	95%	99%
单一门槛	16.210 ***	0.000	1000	1.472	2.606	3.471
双重门槛	14.327 ***	0.000	1000	2.751	3.027	6.163

注：＊＊＊、＊＊、＊分别表示1%、5%、10%的显著性水平。

（2）门槛估计值与置信区间。门槛条件通过检验后，需要识别门槛模型中的具体门槛值。表 7 – 11 汇报了双门槛的点估计值分别为 1.947 和 2.245。由表 7 – 11 可知，门槛值对应的 95% 置信区间范围较窄，门槛值的识别效果较为显著。此外，当门槛值位于对应的置信区间内时，LR 值小于 5% 显著性水平的临界值，说明门槛值具有一定的真实性。

表 7 – 11　农业人力资本门槛估计值及置信区间

	估计值	95% 置信区间
第一门槛值	1.947	［1.923　2.105］
第二门槛值	2.245	［2.123　2.443］

（3）门槛回归结果分析。得到人力资本的门槛值后，对式（7 – 5）的参数进行估计，结果如表 7 – 12 所示，表中所有变量均取对数。

表 7 – 12　农业人力资本门槛的回归结果

变量	农业绿色 TFP
农业外商直接投资	0.012
	(0.006)
农业技术投入	0.256 **
	(0.099)
农业财政支出	0.531 **
	(0.275)
农业要素禀赋结构	0.367 *
	(0.065)
农村富裕程度	− 4.422 **
	(0.537)
农村富裕程度的 平方项	0.213 ***
	(0.017)

续表

变量	农业绿色 TFP
农业产业结构	− 0. 148 **
	(0. 049)
人力资本低水平区	− 0. 011
（$\ln HC \leqslant 1.947$）	(0. 007)
人力资本中等水平区	0. 073 ***
（$1.947 < \ln HC \leqslant 2.245$）	(0. 057)
人力资本高水平区	0. 098 ***
（$\ln HC > 2.245$）	(0. 046)
观测值	450

注：*** 、** 、* 分别表示 1% 、5% 、10% 的显著性水平，括号内数值表示标准误。

由表 7 - 12 的结果可知，当人力资本处于低水平区间时，贸易规模对农业绿色 TFP 的影响不显著。当人力资本处于中间区间时，贸易规模对农业绿色 TFP 的影响显著为正，系数为 0. 073。当人力资本处于高水平区间时，贸易规模对农业绿色 TFP 有显著的正向影响，系数为 0. 098。随着人力资本水平的提高，农产品贸易对农业绿色生产率的影响呈现由不显著到显著为正的变化趋势。这与新增长理论强调人力资本是经济增长的发动机的理论相一致，并证实了假设 2。

首先，进口贸易主要通过示范效应和竞争效应影响生产率。示范效应指的是进口国通过进口产品获取了管理和组织技术方面的知识或者是产品外在的信息，通过模仿和学习而实现的知识溢出，其作用时滞最短，容易为生产者所接受。而竞争效应影响较复杂，短期内可能由于进口产品的竞争对国内产品产生了挤出效应，抑制了生产率的增长，但从长期来看，高技术含量的产品的竞争迫使国内生产者进行研发、学习和改进，最终推动了 TFP 的增长。然而，这个过程有较长的时滞，并对进口国的吸收能力有一定的要求。人力资本是影响东道国技术溢出吸收能力的最重要因素之一。在农业人力资本水平相对较低的地区，经济比较落后，进口的商品不仅不能带动当地的技术进步，反而可能会因为竞争影响了当地的农业生产率。

因此，在人力资本水平较低时，进口对技术进步不但没有促进作用，反而有阻碍作用。随着农业人力资本质量的提升，中高端人力资本占比提高，进口地区农业生产者一方面通过学习先进技术和服务提升生产率，另一方面通过调整和优化生产结构提升生产率。因而进口规模的扩大客观上增加了生产者获取技术外溢效应的机会，而人力资本水平的提高主观上增强了生产者对技术外溢效应的吸收消化能力。这种协同作用使得进口对农业 TFP 增长的影响产生了由阻碍到影响不显著再到促进的一系列变化。其次，从出口的溢出效应分析，相对于国内市场，国际市场的客户对产品质量更为严苛，出口商必须根据进口方的要求来改进生产技术和生产工艺，改造生产设备，培训生产者。出口方甚至可能遭遇贸易壁垒，生产者必须通过提高生产标准和产品品质以适应市场需求。同时，国际市场上的客户可能会对出口方进行技术指导，为出口方提供更多接触先进的生产技术和管理方法的机会。出口通过以上途径影响 TFP 的前提条件是人力资本的提升。出口贸易中的学习效应既可以是通过双方自愿互动实现的，也可能是一方"不情愿给予"，而另一方需要"想方设法"获得的接受过程，必须要接收方具备学习能力才能真正发挥学习效应的作用。在人力资本水平较低的地区，缺乏对先进技术和管理方法的学习能力，对国际市场的变化缺乏敏感度，出口无法带动当地的技术进步。只有人力资本累积到一定程度时，出口才可通过学习效应和产业链效应推动 TFP 的增长。

3. 农村基础设施建设的门槛回归结果

（1）门槛条件检验。农村基础设施建设的衡量指标为公路基础设施、农电基础设施和灌溉基础设施。其中，农村用电量和有效灌溉面积对农产品国际贸易的绿色技术溢出无显著的门槛效应，但公路基础设施对其有显著的门槛效应。因此以公路基础设施为门槛变量对式（7-6）进行门槛效应检验，检验结果如表 7-13 所示。根据门槛效果自抽样检验结果，单一门槛、双重门槛均通过显著性检验。因此，本书选择双重门槛模型进行检验。

（2）门槛估计值与置信区间。门槛条件通过检验后，需要识别门槛模型中的具体门槛值。表 7-14 汇报了双门槛的点估计值分别为 2.652 和 3.897。由表 7-14 可知，门槛值对应的 95% 置信区间范围较窄，门槛值的识别效果较为显著。此外，当门槛值位于对应的置信区间内时，LR 值小于 5% 显著性水平的临界值，说明门槛值具有一定真实性。

表 7 – 13　农村基础设施门槛效应检验结果

	F	P	Boottrap 次数	不同显著水平临界值		
				90%	95%	99%
单一门槛	25.241***	0.001	1000	2.257	3.865	5.843
双重门槛	26.382**	0.000	1000	2.391	3.426	5.982

注：***、**、*分别表示 1%、5%、10% 的显著性水平。

表 7 – 14　农村基础设施门槛估计值及置信区间

	估计值	95% 置信区间
第一门槛值	2.652	[2.441　2.592]
第二门槛值	3.897	[3.849　4.012]

（3）门槛回归结果分析。得到农村基础设施的门槛值后，对式（7 – 6）的参数进行估计，结果如表 7 – 15 所示。表中所有变量均取对数。

表 7 – 15　农村基础设施门槛的回归结果

变量	农业绿色 TFP
农业外商直接投资	0.006
	(0.021)
农业技术投入	0.094**
	(0.050)
农业财政支出	0.187***
	(0.083)
农业要素禀赋结构	0.310***
	(0.069)

续表

变量	农业绿色 TFP
农村富裕程度	-3.515^{*}
	(0.483)
农村富裕程度的	0.281
平方项	(0.021)
农业产业结构	-0.298^{***}
	(0.079)
基础设施低水平区	0.043^{*}
($\ln inf \leqslant 2.652$)	(0.031)
基础设施中等水平区	0.066^{*}
($2.652 < \ln inf \leqslant 3.897$)	(0.046)
基础设施高水平区	0.078^{***}
($\ln inf > 3.897$)	(0.038)
观测值	450

注：***、**、*分别表示1%、5%、10%的显著性水平，括号内数值表示标准误。

由表7-15的结果可知，当公路基础设施处于低水平区间时，贸易规模对农业绿色TFP的影响显著为正，系数为0.043。当基础设施处于中间水平区间时，贸易规模对农业绿色TFP的影响显著为正，系数为0.066。当基础设施处于高水平区间时，贸易规模对农业绿色TFP有显著的正向影响，系数为0.078。随着基础设施水平的提高，农产品贸易对农业绿色TFP的影响呈现梯次上升且不断增强的趋势。该结果证实了假设3。

在农业发展中，基础设施的作用不容小觑。公路基础设施一方面作为公共资本投入通过乘数效应直接拉动经济增长，另一方面通过外部性效应间接促进TFP的增长。作为城乡联结纽带和农产品流通载体的公路交通网络，是降低农业生产和贸易各环节的流通成本、提高投入产出效率的关键。首先，增加公路设施的投入，扩大了交通资源规模，增加了交通网络密度，提升了交通服务水平，缩短了货物运输时间，减少了能源消耗。其次，公路基础设施的投入也改变了区域的相对可达性，建立起生产者、消费者之间的紧密联系，专业化和分工水平进一步提高，由此产生了规模经济效应。

最后，公路基础设施的建设与改善增加了区域内外的贸易活动，更多新技术和新产品流入区域内部，提升了技术水平，促进了生产者之间的知识和技术交流。2003 年以来，中国政府加大了对农村公路建设的投资力度，调整了农村公路投资政策。至 2017 年 12 月，全国农村公路已达 401 万公里，占公路网总里程的 84%。公路基础设施在推动农产品贸易的绿色技术溢出效应中发挥了重要作用。

五、结论

上文利用 2002~2016 年的省级面板数据，并借鉴 Hansen（1999）的面板门槛回归技术，以经济发展水平、人力资本水平和农村基础设施水平作为门槛变量分别构建面板门槛模型，实证检验了农产品国际贸易对农业绿色 TFP 影响存在区域差异的原因。实证结果显示，不同地区的农业经济发展水平、人力资本水平以及农村基础设施建设水平是导致贸易对农业绿色 TFP 的影响产生区域差异的重要原因，且农产品国际贸易对农业绿色 TFP 的影响显著存在基于农业经济发展水平、农业人力资本水平以及农村基础设施建设水平的双门槛效应。随着农业经济水平的提高，农产品国际贸易对农业绿色 TFP 的正向影响是梯次增强的；随着农业人力资本水平的提高，农产品国际贸易对农业绿色 TFP 的影响是由不显著到显著为正的；随着农村基础设施建设水平的提高，农产品国际贸易的绿色 TFP 效应也是梯次增强的。

第三节 本章小结

本章主要对农产品国际贸易的绿色 TFP 效应进行实证研究。对 Coe 和 Helpman（1995）模型进行拓展，综合考量了农产品国际贸易对农业绿色 TFP 影响的线性效应和非线性效应。从全国数据分析结果可知，农产品国际贸易规模的扩大提高了农业绿色 TFP，农产品出口和农产品进口对农业绿

TFP 的提升均有显著的正向影响。同时，农民收入水平和农业绿色 TFP 之间存在显著的"U"形关系，农业外商直接投资规模的扩大和农业技术投入的增加不利于农业绿色 TFP 的增长，但人力资本的提升和农业财政投入的增加显著提高了农业绿色 TFP。在此基础上，考察农产品国际贸易对农业绿色 TFP 影响的非线性效应，发现存在基于农业经济发展水平、人力资本水平以及农村基础设施建设水平的双门槛效应。随着农业经济水平和农村基础设施建设水平的提高，农产品国际贸易对农业绿色 TFP 的正向影响是梯次增强的；随着农业人力资本水平的提高，农产品国际贸易对农业绿色 TFP 的影响是由不显著到显著为正的。

第八章
农产品国际贸易对农业绿色
TFP 影响的异质性分析

由前文实证结果可知，农产品国际贸易规模的扩大促进了农业绿色 TFP 的增长。但是农产品出口和进口各自对农业绿色 TFP 分别有什么样的影响？农产品出口和进口是否因为区域差异而产生不同的绿色生产率效应？贸易的绿色技术溢出是否因为农产品种类的不同而有所差异？本章试图对不同区域不同类型的农产品的绿色 TFP 效应展开研究，以期对前文内容进行补充。

第一节 理论框架

如图 8-1 所示，农产品出口和进口影响绿色 TFP 的路径各有不同。农产品出口可以通过拉动经济增长、促进本地生产者学习先进技术或通过产业链带动关联企业从而产生正向的技术溢出效应，同时出口也可能由于生产规模的扩大和资源的消耗产生负向的环境溢出效应。农产品进口的 TFP 效应较为复杂，一方面由于示范效应促进了技术溢出，另一方面可能由于引入竞争以及市场份额被挤占等因素而不利于生产率的增长。从进口对环境的影响角度分析，进口可能由于减少国内的生产和资源的消耗降低了环境污染成本而产生了正向的环境溢出效应。以上各种效应的对比决定了农产品出口与进口对绿色 TFP 的最终影响存在异质性，需要实证过程的进一步检验。

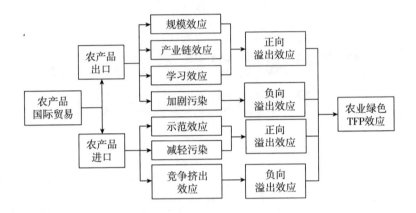

图 8 - 1 农产品出口和进口对农业绿色 TFP 影响的作用机理

第二节　农产品出口与进口对农业绿色 TFP 影响的区域差异

为比较农产品出口和进口对农业绿色 TFP 影响的区域差异，本书按传统划分办法把中国各省份划分为东部、中部和西部三大地区。本节设定模型如式（8-1）所示。

$$\ln GTFP_{it} = a_0 + a_1 \ln Exp_{it} + a_2 \ln Imp_{it} + a_3 \ln FDI_{it} + a_4 \ln T_{it} + a_5 \ln HC_{it} +$$
$$a_6 \ln FS_{it} + a_7 \ln KL_{it} + a_8 \ln Inc_{it} + a_9 (\ln Inc_{it})^2 + a_{10} \ln Str_{it} + \varepsilon_{it}$$

$$(8-1)$$

其中，$GTFP_{it}$ 分别代表东中西部的农业绿色 TFP，Exp_{it} 代表出口额，Imp_{it} 代表进口额，FDI_{it} 代表农业外商直接投资，T_{it} 代表农业技术投入，HC_{it} 代表人力资本水平，FS_{it} 代表农业财政支出，KL_{it} 代表农业要素禀赋结构，Inc_{it} 代表农民富裕程度，Str_{it} 代表农业产业结构。各变量定义以及测算方法同第七章。同时，为了保证计量结果的可比较性，本节仍采用系统 GMM 模型进行估计。

一、样本选取与数据描述

考虑到数据的可获得性和平稳性，本节选取中国 30 个省份（不包括香港、台湾、澳门和西藏）2002～2016 年的数据进行实证研究。分析所用数据来自于《中国农业统计年鉴》《中国农产品进出口月度统计报告》和 EPS 数据平台。农民人均收入、农业财政支持和农业资本存量已折算成 2002 年不变价格。农产品进口额、农产品出口额以及农业外商直接投资额按照历年人民币平均汇率均价换算，并折算成 2002 年不变价格。本节对东中西部地区的划分标准和界定同第四章，并对东部、中部和西部地区的变量分别进行描述性统计，结果如表 8 - 1、表 8 - 2、表 8 - 3 所示。

表 8 - 1　东部地区各变量的描述性统计

变量	观测值	均值	方差	最小值	最大值
GTFP	180	1.055	0.087	0.855	1.490
Exp	180	1939919	2118575	23813.51	10686178
Imp	180	3291772	3145231	18142.31	16352118
FDI	180	6864139	6194334	632392.50	30408194
T	180	19775.28	13770.90	2186	56991
HC	180	9.08	1.03	7.47	12.12
FS	180	242.81	239.52	7.02	1008.6
KL	180	2549.47	1826.46	256.57	10201.41
Inc	180	8335.34	4999.85	1985.54	25203.16
Str	180	0.28	0.08	0.13	0.52

表 8 - 2　中部地区各变量的描述性统计

变量	观测值	均值	方差	最小值	最大值
GTFP	135	1.053	0.087	0.859	1.540

续表

变量	观测值	均值	方差	最小值	最大值
Exp	135	401520.60	282698.10	31428.33	1279188
Imp	135	284555.10	330471.80	1417.59	1528652
FDI	135	2542962	1344952	405182.90	7373744
T	135	25605.81	5870.41	15741	43438
HC	135	8.61	0.58	6.99	9.71
FS	135	267.65	217.30	21.76	797.02
KL	135	1947.49	905.69	533.70	3905.12
Inc	135	5617.27	3100.84	2078.40	12566.82
Str	135	0.34	6.54	0.23	0.48

表8-3 西部地区各变量的描述性统计

变量	观测值	均值	方差	最小值	最大值
GTFP	135	1.045	0.082	0.862	1.357
Exp	135	291616.70	403698.10	3507.43	2931975
Imp	135	125162.10	207527.40	0.62	989839.3
FDI	135	1340779	1488833	74750.55	7371722
T	135	25196.27	12497.09	5680	49667
HC	135	7.91	0.77	6.08	9.54
FS	135	219.46	213.84	7.48	976.42
KL	135	1698.97	1152.52	390.03	5332.08
Inc	135	4350.35	2590.00	1482.81	11405.24
Str	135	0.33	10.39	0.16	0.58

　　由三地区描述性统计的均值可知，东部地区在贸易额和吸纳外商直接投资两方面都明显高于中西部地区，这与东部地区经济发达和开放程度高的事实相吻合。在人力资本水平、要素禀赋结构和农民人均收入方面，东部地区较之于中西部地区也有明显优势。但是在研发投入人数、财政支农力度方面，中部地区较之东部和西部地区有微弱优势，这体现了近十年来政府对中部地区的重视，在人力和物力投入方面都有一定的倾斜。从产业结构的特点观察，中西部地区的畜禽养殖业较为发达，因而畜牧业在农业

总产值中占比较高。

二、实证检验与分析

本节对东部、中部和西部地区农产品国际贸易的绿色生产率效应分别进行检验。为保持前后文的一致性，采用系统 GMM 模型进行估计，结果如表 8 - 4 所示。表中所有变量均取对数。

表 8 - 4　东、中、西部地区农产品出口和进口对农业绿色 TFP 影响的实证结果

变量	东部	中部	西部
	系统 GMM 农业绿色 TFP	系统 GMM 农业绿色 TFP	系统 GMM 农业绿色 TFP
农业绿色 TFP 的 一阶滞后项	0.788 *** (0.058)	0.747 *** (0.089)	0.837 *** (0.083)
农产品出口规模	0.085 *** (0.032)	0.006 (0.026)	0.045 * (0.025)
农产品进口规模	0.062 ** (0.027)	0.025 (0.015)	0.026 * (0.006)
农业外商直接投资	- 0.038 * (0.021)	0.051 (0.035)	0.020 (0.023)
农业技术投入	- 0.113 *** (0.039)	- 0.060 (0.072)	- 0.175 ** (0.071)
农业人力资本	0.665 ** (0.311)	1.226 *** (0.359)	0.607 ** (0.239)
农业财政支出	0.071 *** (0.020)	0.077 ** (0.033)	0.098 *** (0.030)
农业要素禀赋结构	0.072 *** (0.028)	0.112 ** (0.053)	- 0.084 ** (0.040)
农村富裕程度	- 2.693 *** (0.557)	- 0.995 (0.784)	- 0.925 (0.608)
农村富裕程度的 平方项	0.137 *** (0.030)	0.039 (0.043)	0.045 (0.034)

续表

变量	东部	中部	西部
	系统 GMM 农业绿色 TFP	系统 GMM 农业绿色 TFP	系统 GMM 农业绿色 TFP
农业产业结构	-0.003 (0.065)	-0.021 (0.099)	-0.029 (0.045)
常数项	10.420*** (2.597)	1.484 (3.451)	4.507 (2.764)
AR（1）	0.001	0.002	0.006
AR（2）	0.113	0.013	0.083
Sargan	1.000	1.000	1.000
观测值	168	126	126

注：***、**、*分别表示1%、5%、10%的显著性水平，括号内数值表示标准误。

由表8-4系统 GMM 模型回归的第2列结果可知，东部地区农产品出口和进口对农业绿色生产率均有显著的正向影响。出口额每增长1%，则绿色 TFP 上升0.08%。进口额每增长1%，则绿色 TFP 上升0.06%。绿色 TFP 受到前期绿色 TFP 的显著正向影响；外商直接投资规模扩大与农业技术投入增加对农业绿色 TFP 有显著的负向影响；农业人力资本提升、农业财政支出增加和农业要素禀赋结构升级对农业绿色 TFP 均有显著的正向影响；在环境库兹涅茨效应的作用下，农民人均收入与农业绿色 TFP 呈显著负相关关系，而农民人均收入的平方项与农业绿色 TFP 呈现显著的正相关关系，说明两变量存在"U"形关系；农业产业结构中畜牧业占比的提高对农业绿色 TFP 无显著影响。东部地区经济发达，贸易开放度高，同时外商直接投资与国内资本投入丰裕度、农业财政支持、研发投入和人力资本水平都较高。在内外部因素的作用下，农产品出口和进口均产生了显著的正向的绿色技术溢出效应。

由表8-4的第3列回归结果可知，中部地区农产品出口和进口对农业绿色生产率有正向影响，但不显著。以系统 GMM 回归结果分析，绿色 TFP 受到前期绿色 TFP 的显著正向影响；农业人力资本提升、农业财政支出增加和农业要素禀赋结构升级对农业绿色 TFP 均有显著的正向影响；农业产业结构中畜牧业占比的提高、农业外商直接投资额增加、农民人均收入与农业技术投入增加对农业绿色 TFP 无显著影响。中部地区的农业绿色 TFP 对农产品国际贸易不敏感，换言之，中部地区的农产品出口和进口并未对农业绿色 TFP 产生实质性的影响。

由表 8 - 4 的第 4 列回归结果可知，西部地区农产品出口和进口对绿色生产率有显著的正向影响，但是从系数和显著性来看，西部地区农产品国际贸易的绿色生产率效应明显弱于东部地区。出口额每上升 1%，则绿色 TFP 上升 0.05%。进口额每上升 1%，则绿色 TFP 上升 0.03%。绿色 TFP 受到前期绿色 TFP 的显著正向影响；农业技术投入增加和农业要素禀赋结构升级对农业绿色 TFP 有显著的负向影响；农业人力资本提升和农业财政支出增加对农业绿色 TFP 均有显著的正向影响；农业外商直接投资额和农民人均收入的提高以及农业产业结构中畜牧业占比的提高对农业绿色 TFP 无显著影响。较之东中部地区，西部地区经济相对落后，但是贸易开放对于西部地区的绿色技术溢出却发挥了一定的作用。这可能是由于西部地区基础设施建设的不断完善以及政府对西部地区的扶持计划，西部地区在对外贸易以及外资引进方面有了很大的进步，同时产业布局和人口分布也与东部地区有所差异。虽然西部地区贸易额不高，但是其在推动绿色生产率方面发挥的作用是不可忽视的。

三、结论

对三个区域的回归结果进行比较分析可知：农产品进出口贸易对东部和西部地区的农业绿色 TFP 均产生了显著的正向影响，但是对中部地区影响不显著；农业外商直接投资显著抑制了东部地区的绿色 TFP，但是对中部和西部地区的绿色 TFP 无显著影响；农业技术投入对东部和西部地区的绿色 TFP 有显著的负向影响，但对中部地区的绿色生产率无显著影响；农业人力资本对东中西部地区的绿色 TFP 均有显著正向影响，其中中部地区农业人力资本的绿色生产率效应最为显著；农业财政支出对东中西部地区的绿色 TFP 均有显著的正向影响，其中西部地区财政支出的绿色生产率效应最为显著；东部地区存在环境库兹涅茨效应，农村富裕程度与绿色 TFP 之间存在"U"形关系，而中西部地区的农民人均收入与绿色 TFP 并无显著的相关性。

第三节　不同类型农产品出口与进口对农业绿色 TFP 的影响

中国主要的出口农产品包括蔬菜、畜产品、饮品、水果等，而主要的进口农产品包括食用油籽、畜产品、水产品、饮品、水果和谷物棉麻等。不同类型的农产品对农业绿色生产率的影响存在何种差别？以下着重从主要农产品的出口和进口分别探讨其对东中西部地区农业绿色 TFP 的影响。东中西部地区的划分标准同前文。

一、主要出口农产品的绿色 TFP 效应

出口农产品可能通过规模效应、产业链效应拉动农业绿色 TFP 的增长，也可能由于加剧环境污染而抑制农业绿色 TFP 的增长，本节选取有代表性的出口农产品分别探讨其绿色 TFP 效应，设定模型如式（8-2）～式（8-4）所示。

$$\ln GTFP_{it} = a_0 + a_1 \ln shuexp_{it} + a_2 \ln FDI_{it} + a_3 \ln T_{it} + a_4 \ln HC_{it} + a_5 \ln FS_{it} + a_6 \ln KL_{it} + \varepsilon_{it} \qquad (8-2)$$

$$\ln GTFP_{it} = a_0 + a_1 \ln xuexp_{it} + a_2 \ln FDI_{it} + a_3 \ln T_{it} + a_4 \ln HC_{it} + a_5 \ln FS_{it} + a_6 \ln KL_{it} + \varepsilon_{it} \qquad (8-3)$$

$$\ln GTFP_{it} = a_0 + a_1 \ln fruitexp_{it} + a_2 \ln FDI_{it} + a_3 \ln T_{it} + a_4 \ln HC_{it} + a_5 \ln FS_{it} + a_6 \ln KL_{it} + \varepsilon_{it} \qquad (8-4)$$

其中，$GTFP_{it}$ 代表各省份各年的农业绿色 TFP，$shuexp_{it}$ 代表蔬菜出口规模，$xuexp_{it}$ 代表畜产品出口规模，$fruitexp_{it}$ 代表水果出口规模，FDI_{it} 代表农业外商直接投资，T_{it} 代表农业技术投入水平，HC_{it} 代表人力资本水平，FS_{it} 代表农业财政支持，KL_{it} 代表农业要素禀赋结构。各变量定义以及测算方法同第七章。由于具体农产品数据受限，且存在区域差异性，样本量较前文更小，设定模型较前文也更为简化。为减少地区因素和时间因素引起的估计

偏差问题,本节全部采用双向 FE 模型进行估计。

1. 蔬菜出口

2016 年有 17 个省份蔬菜出口额超过 1 亿美元。山东、河南、福建、云南和江苏 5 省出口额高达 107.51 亿美元,占全国蔬菜出口总额的 73%。主要出口蔬菜产品依次是大蒜、蘑菇、番茄、木耳、辣椒、洋葱、生姜等。由于部分省份数据缺失,为保持面板的平衡性,本节选取 2002 ~ 2013 年 29 个省份(不包括青海、西藏、香港、澳门、台湾)数据进行分区检验,结果如表 8 - 5 所示。表中所有变量均取对数。

表 8 - 5 蔬菜出口对农业绿色 TFP 影响的分区检验

变量	东部	中部	西部
	双向 FE	双向 FE	双向 FE
	农业绿色 TFP	农业绿色 TFP	农业绿色 TFP
蔬菜出口	0.194 ***	- 0.065 ***	- 0.025
	(0.053)	(0.015)	(0.015)
农业外商直接投资	- 0.016	0.156 ***	- 0.011
	(0.048)	(0.035)	(0.030)
农业技术投入	- 0.100	- 0.267 ***	0.275 ***
	(0.150)	(0.077)	(0.095)
农业人力资本	1.275 *	- 0.214	- 0.432
	(0.665)	(0.371)	(0.339)
农业财政支出	- 0.391 ***	- 0.090	- 0.114
	(0.083)	(0.063)	(0.077)
农业要素禀赋结构	- 0.083	0.137 **	0.006
	(0.058)	(0.058)	(0.049)
常数项	- 2.039	1.735	- 0.990
	(2.549)	(1.274)	(1.662)
sigma_ u	0.352	0.182	0.111
sigma_ e	0.136	0.070	0.074

续表

变量	东部	中部	西部
	双向 FE	双向 FE	双向 FE
	农业绿色 TFP	农业绿色 TFP	农业绿色 TFP
rho	0.869	0.872	0.692
观测值	144	108	96
R²	0.832	0.926	0.897

注: ***、**、*分别表示1%、5%、10%的显著性水平,括号内数值表示标准误。

由以上回归结果可知,蔬菜出口对东部地区和中部地区均有显著影响,但对西部地区影响不显著。蔬菜出口额每提升1%,则东部省份绿色 TFP 提升 0.19%,而中部省份绿色 TFP 却下降 0.07%。蔬菜出口额对东中部地区有着截然不同的影响。可能是由于作为主要出口省份的东部地区通过蔬菜加工和出口扩大了生产规模,提高了经营效率,带动了产业链升级,而作为主要种植地区的中部省份却由于出口带动生产规模扩大,从而加剧了环境污染。

2. 畜产品出口

2016 年畜产品出口额超 1 亿美元的省份有 12 个,其中广东、山东、江苏、浙江和湖南出口总额合计 34 亿美元。山东、广东和辽宁主要出口禽产品,广东、湖南、河南和山东主要出口生猪,江苏、上海和河北主要出口肠衣。由于部分省份数据缺失,为保持面板的平衡性,本节选取 2002 ~ 2013 年 30 个省份(不包括西藏、香港、澳门、台湾)数据进行分区检验,结果如表 8-6 所示。表中所有变量均取对数。

由以上回归结果可知,畜产品出口对东部和西部地区有显著的负向影响,但对中部地区影响不显著。畜产品出口额每增加 1%,东部地区绿色 TFP 下降 0.05%,而西部地区绿色 TFP 下降 0.02%。从污染源来看,畜禽养殖污染排放程度要高于其他污染,是引起农业面源污染的重要原因,虽然畜禽养殖拉动了经济增长,但是其对环境的负面影响是较为严重的。

表8-6 畜产品出口对农业绿色 TFP 影响的分区检验

变量	东部	中部	西部
	双向 FE	双向 FE	双向 FE
	农业绿色 TFP	农业绿色 TFP	农业绿色 TFP
畜产品出口	-0.052***	-0.005	-0.016*
	(0.015)	(0.011)	(0.008)
农业外商直接投资	-0.008	0.158***	-0.026
	(0.048)	(0.040)	(0.025)
农业技术投入	-0.157	-0.129*	0.190*
	(0.152)	(0.075)	(0.102)
农业人力资本	0.822	-0.395	-0.169
	(0.663)	(0.426)	(0.348)
农业财政支出	-0.352***	-0.047	-0.057
	(0.083)	(0.062)	(0.080)
农业要素禀赋结构	-0.015	0.086	0.079**
	(0.055)	(0.056)	(0.034)
常数项	1.851	-0.443	-1.364
	(2.480)	(1.343)	(1.226)
sigma_u	0.525	0.158	0.122
sigma_e	0.137	0.078	0.071
rho	0.936	0.803	0.757
观测值	144	108	108
R^2	0.831	0.898	0.908

注：***、**、*分别表示1%、5%、10%的显著性水平，括号内数值表示标准误。

3. 水果及坚果出口

2016 年水果及坚果出口总额达 83.3 亿美元，14 个省份出口额超 1 亿美元，其中云南、山东、福建、陕西和浙江 5 省出口额高达 48.9 亿美元。云南、福建、浙江和广西是主要的柑橘出口省份，山东、云南和陕西是主要的鲜苹果出口省份，云南是鲜葡萄的主要出口省份。由于部分省份数据缺失，为保持面板的平衡性，本节选取 2002～2013 年 29 个省份（不包括青海、西藏、香港、澳门、台湾）数据进行分区检验，结果如表 8 - 7 所示。表中所有变量均取对数。

表 8 - 7　水果及坚果出口对农业绿色 TFP 影响的分区检验

变量	东部	中部	西部
	双向 FE 农业绿色 TFP	双向 FE 农业绿色 TFP	双向 FE 农业绿色 TFP
水果及坚果出口	0.022 **	- 0.000	0.011 *
	(0.009)	(0.006)	(0.004)
农业外商直接投资	- 0.010	0.154 ***	- 0.035
	(0.059)	(0.039)	(0.032)
农业技术投入	- 0.150	- 0.122	0.223 **
	(0.156)	(0.074)	(0.108)
农业人力资本	0.579	- 0.382	- 0.613
	(0.696)	(0.433)	(0.399)
农业财政支出	- 0.312 ***	- 0.040	- 0.143
	(0.086)	(0.061)	(0.096)
农业要素禀赋结构	- 0.001	0.086	0.075
	(0.057)	(0.056)	(0.050)
常数项	1.223	- 0.158	- 0.478
	(2.530)	(1.330)	(1.648)
sigma_ u	0.455	0.158	0.114
sigma_ e	0.140	0.078	0.073
rho	0.913	0.803	0.710
观测值	144	108	96
R^2	0.822	0.897	0.895

注：*** 、** 、* 分别表示 1%、5%、10% 的显著性水平，括号内数值表示标准误。

由以上回归结果可知，水果及坚果出口对东部和西部地区农业绿色 TFP 有显著的正向影响。水果及坚果出口额每增长 1%，东部地区绿色 TFP 增长 0.02%，西部地区绿色 TFP 增长 0.01%。东西部地区苹果、柑橘等水果的生产、出口形成了完整的产业链，提高了产品竞争力，从而带动绿色 TFP 的增长。

二、主要进口农产品的绿色 TFP 效应

农产品进口的绿色 TFP 效应较为复杂。第一，如果当地具备良好的吸收能力，进口的示范效应可以有效地通过技术溢出带动当地生产率的增长。第二，进口意味着将可能引起污染的生产转移至别国和其他地区，进口的环境效应也有利于绿色 TFP 的提升。第三，进口可能加剧当地的竞争，挤占部分市场，对当地产业产生消极影响。本章选取部分有代表性的进口农产品分别检验其绿色 TFP 效应，设定模型如式（8-5）~式（8-7）所示。

$$\ln GTFP_{it} = a_0 + a_1 \ln yzimp_{it} + a_2 \ln FDI_{it} + a_3 \ln T_{it} + a_4 \ln HC_{it} + a_5 \ln FS_{it} + a_6 \ln KL_{it} + \varepsilon_{it} \tag{8-5}$$

$$\ln GTFP_{it} = a_0 + a_1 \ln scimp_{it} + a_2 \ln FDI_{it} + a_3 \ln T_{it} + a_4 \ln HC_{it} + a_5 \ln FS_{it} + a_6 \ln KL_{it} + \varepsilon_{it} \tag{8-6}$$

$$\ln GTFP_{it} = a_0 + a_1 \ln xuimp_{it} + a_2 \ln FDI_{it} + a_3 \ln T_{it} + a_4 \ln HC_{it} + a_5 \ln FS_{it} + a_6 \ln KL_{it} + \varepsilon_{it} \tag{8-7}$$

其中，$GTFP_{it}$ 代表各省份各年的农业绿色 TFP，$yzimp_{it}$ 代表食用油籽进口规模，$scimp_{it}$ 代表蔬菜进口规模，$xuimp_{it}$ 代表畜产品进口规模，FDI_{it} 代表农业外商直接投资额，T_{it} 代表农业技术投入水平，HC_{it} 代表人力资本水平，FS_{it} 代表农业财政支出，KL_{it} 代表农业要素禀赋结构。各变量定义以及测算方法同第七章。由于具体农产品数据受限，且存在区域差异性，样本量较前文更小，设定模型较前文也更为简化。为减少地区因素和时间因素引起的估计偏差问题，本节全部采用双向 FE 模型进行估计

1. 食用油籽进口

2016 年食用油籽进口额超过 1 亿美元的有 21 个省份，其中山东、江苏、广东、广西和辽宁 5 省的进口额高达 256 亿美元。相较于 2015 年，江西、湖北、山西、安徽和江苏 5 省进口额均增长。食用油籽进口中，大豆比重超过 90%，主要进口来源地为巴西、美国和阿根廷三国。由于部分省份

数据缺失，为保持面板的平衡性，本节选取 2003~2013 年 24 个省份（不包括山西、江西、海南、贵州、青海、西藏、宁夏、香港、澳门和台湾）省级面板数据进行分区检验，结果如表 8-8 所示。表中所有变量均取对数。

表 8-8　食用油籽进口对农业绿色 TFP 影响的分区检验

变量	东部	中部	西部
	双向 FE 农业绿色 TFP	双向 FE 农业绿色 TFP	双向 FE 农业绿色 TFP
食用油籽进口	0.004 (0.005)	0.006** (0.003)	0.002 (0.004)
农业外商直接投资	0.047 (0.118)	0.115*** (0.036)	0.021 (0.050)
农业技术投入	0.128 (0.172)	-0.127** (0.061)	0.338** (0.129)
农业人力资本	0.923 (0.721)	0.172 (0.414)	-0.690 (0.474)
农业财政支出	-0.225** (0.109)	0.063 (0.065)	-0.023 (0.149)
农业要素禀赋结构	0.085 (0.070)	0.045 (0.051)	0.129** (0.057)
常数项	-3.694 (2.821)	-1.223 (1.246)	-3.137 (2.267)
sigma_ u	0.194	0.090	0.184
sigma_ e	0.136	0.054	0.064
rho	0.671	0.736	0.893
观测值	121	77	66
R^2	0.828	0.941	0.925

注：***、**、*分别表示 1%、5%、10% 的显著性水平，括号内数值表示标准误。

从以上回归结果可知，食用油籽进口对中部地区的绿色 TFP 有显著的正向影响，但对东部和西部地区的绿色 TFP 无显著影响。食用油籽进口额每上升 1%，中部地区绿色 TFP 显著上升 0.01%。中国在生产土地密集型农产品方面并不具有比较优势。通过进口大豆等土地密集型农产品，减少国内的生产，有利于优化产业结构，实现资源的优化配置和绿色 TFP 的提升。

2. 蔬菜进口

2016 年蔬菜进口额达 5.3 亿美元，进口额超过 1000 万美元的蔬菜产品依次是蔬菜种子、马铃薯、胡椒、番茄、甜玉米和豌豆。其中蔬菜种子进口额达 2 亿美元，主要的进口来源地为日本、泰国、意大利、马来西亚和加拿大。由于部分省份数据缺失，为保持面板的平衡性，本节选取数据为2002 ~ 2013 年 22 个省份（不包括山西、江西、湖南、贵州、甘肃、青海、宁夏、新疆、西藏、香港、澳门和台湾）省级面板数据对蔬菜进口的绿色 TFP 效应进行分区检验，结果如表 8 - 9 所示。表中所有变量均取对数。

表 8 - 9　蔬菜进口对农业绿色 TFP 影响的分区检验

变量	东部 双向 FE 农业绿色 TFP	中部 双向 FE 农业绿色 TFP	西部 双向 FE 农业绿色 TFP
蔬菜进口	0.027 **	0.007 *	- 0.026
	(0.014)	(0.004)	(0.009)
农业外商直接投资	- 0.035	0.056	0.044
	(0.050)	(0.034)	(0.070)
农业技术投入	- 0.152	- 0.172 ***	0.026
	(0.158)	(0.060)	(0.194)
农业人力资本	0.647	0.162	- 0.886 *
	(0.702)	(0.362)	(0.492)
农业财政支出	- 0.358 ***	0.045	- 0.195
	(0.086)	(0.056)	(0.171)
农业要素禀赋结构	- 0.015	0.119 **	0.057
	(0.057)	(0.053)	(0.076)
常数项	1.712	- 0.419	1.504
	(2.598)	(1.184)	(3.025)

变量	东部	中部	西部
	双向 FE 农业绿色 TFP	双向 FE 农业绿色 TFP	双向 FE 农业绿色 TFP
sigma_ u	0.509	0.067	0.125
sigma_ e	0.142	0.054	0.057
rho	0.928	0.595	0.824
观测值	144	72	48
R^2	0.819	0.945	0.959

注：***、**、*分别表示1%、5%、10%的显著性水平，括号内数值表示标准误。

由以上回归结果可知，蔬菜进口对东部和中部地区有显著正向影响，对西部地区无显著影响。蔬菜进口额每上升1%，则东部地区绿色 TFP 上升0.03%，中部地区绿色 TFP 上升0.01%。蔬菜进口比重在整个农产品进口中所占比重不大，但蔬菜进口品种中包括大量的农作物种子和种苗等，而这类农业中间品本身就蕴含了较多的技术含量。Grossman 和 Helpman（1991）指出，中间品是物化的 R&D 资本。也有研究证明，国家、行业 TFP 增长离不开中间品的密集进口（Lawrence 和 Weinstein，1999；Bayoumi 和 Helpman，1999；Blalock 和 Veloso，2007）。从发达国家进口蔬菜及其种苗对研发能力和人力资本水平较高的东中部地区的生产率产生了积极的影响。

3. 畜产品进口

2016 年畜产品进口总额达 234 亿美元，进口额超过 10 亿美元的畜产品是：家禽产品、生猪产品、肠衣、羽毛、蜂产品、动物毛、蛋产品和牛产品，共 8 类。从进口省份来分析，进口额超过 1 亿美元的有 16 个省份，其中广东、上海、天津、江苏和浙江合计进口额高达 163.8 亿美元。广东、上海和浙江为乳制品的进口大省，广东、天津、上海和江苏为生猪产品的主要进口省份，天津、上海为牛产品的主要进口省份，江苏、浙江和山东为动物毛的主要进口省份。由于部分省份数据缺失，为保持面板的平衡性，本节选取数据为 2002～2013 年 23 个省份（不包括山西、内蒙古、海南、贵州、陕西、青海、新疆、西藏、香港、澳门和台湾）省级面板数据对畜产品进口的绿色 TFP 效应进行分区检验,结果如表 8 - 10 所示。表中所有变量均取对数。

表 8 - 10   畜产品进口对农业绿色 TFP 影响的分区检验

变量	东部	中部	西部
	双向 FE 农业绿色 TFP	双向 FE 农业绿色 TFP	双向 FE 农业绿色 TFP
畜产品进口	- 0.010	- 0.015 *	- 0.011 *
	(0.021)	(0.008)	(0.006)
农业外商直接投资	- 0.010	0.119 ***	0.008
	(0.102)	(0.033)	(0.029)
农业技术投入	0.047	- 0.118 **	- 0.014
	(0.170)	(0.057)	(0.116)
农业人力资本	0.933	0.282	- 0.607
	(0.696)	(0.333)	(0.419)
农业财政支出	- 0.168	- 0.119 ***	0.165
	(0.105)	(0.044)	(0.132)
农业要素禀赋结构	0.046	- 0.155 ***	0.049
	(0.070)	(0.046)	(0.062)
常数项	- 1.868	0.579	0.386
	(2.732)	(1.049)	(1.754)
sigma_ u	0.188	0.118	0.163
sigma_ e	0.140	0.050	0.059
rho	0.645	0.845	0.882
观测值	132	84	60
R^2	0.839	0.957	0.939

注:***、**、*分别表示1%、5%、10%的显著性水平,括号内数值表示标准误。

由以上回归结果可知,畜产品进口对中西部地区的绿色 TFP 均有显著的负向影响,但对东部地区的绿色 TFP 影响不显著。畜产品进口额每上升 1%,则中部地区农业绿色 TFP 的下降0.02%,西部地区农业绿色 TFP 下降 0.01%。其中,猪牛羊禽肉为主要进口畜产品,此类产品多属初级产品,技术含量不高，且进口加剧了竞争，挤占了市场，对国内的农业绿色生产率的提升产生了不利影响。

三、结论

从各种农产品的分区回归结果可知：蔬菜出口促进了东部地区绿色 TFP 的增长但抑制了中部地区绿色 TFP 的增长，畜产品出口抑制了东部和西部地区绿色 TFP 的增长，水果及坚果出口促进了东部和西部地区绿色 TFP 的增长。食用油籽进口促进了中部地区绿色 TFP 的增长，蔬菜进口促进了东部和中部地区绿色 TFP 的增长，而畜产品进口抑制了中部和西部地区绿色 TFP 的增长。

第四节　本章小结

本章首先分析比较东、中、西部三个区域农产品进出口的绿色 TFP 效应，回归结果显示，农产品出口和进口总体促进了东西部地区农业绿色 TFP 增长，但是对中部地区影响不显著。其次，本章选取有代表性的农产品分别分析其绿色 TFP 效应，结果表明：畜产品的出口抑制了东部地区农业绿色 TFP 的增长，蔬菜出口、水果及坚果出口和食用油籽进口促进了东部地区农业绿色 TFP 的增长；蔬菜出口和畜产品进口抑制了中部地区农业绿色 TFP 的增长，食用油籽进口和蔬菜进口促进了中部地区农业绿色 TFP 的增长；畜产品的出口和进口不利于西部地区农业绿色 TFP 的增长，但水果及坚果出口促进了西部地区农业绿色 TFP 的增长。

第九章
研究结论与政策建议

本章对前文实证研究结论进行总结，并结合农产品国际贸易结构优化和农业绿色转型的宏观背景，对于提升农产品国际贸易的绿色技术溢出效应提出政策建议。最后，本章基于本书研究的不足，对今后可深入拓展研究的领域进行展望。

第一节　研究结论

本书在回顾贸易与 TFP、贸易与污染和绿色 TFP 相关理论的基础上，构建了农产品国际贸易影响中国农业绿色 TFP 的理论分析框架，分析了农产品国际贸易的现状，利用 DEA – Malmquist 指数和 SBM – ML 指数分别测算了农业 TFP 和农业绿色 TFP，实证检验了农产品国际贸易对中国农业绿色TFP 的影响，并对农产品国际贸易绿色 TFP 效应的区域异质性和产品异质性展开探讨。通过上述理论和实证研究，本书得到如下主要研究结论：

第一，考察期内中国农业绿色 TFP 呈现上升趋势，且明显存在区域异质性。首先，本书将农业面源污染指数作为非期望产出纳入测算框架体系，利用非径向、非角度 SBM 模型计算了中国 30 个省份 2002 ~ 2016 年农业绿色 TFP 及其分解情况，结果表明，2002 ~ 2016 年全国的农业绿色 TFP 指数均值都大于 1，这说明全国农业绿色 TFP 每年都在增长，农业绿色 TFP 的增长主要来源于绿色技术进步率的提高。从时间变化动态来看，农业绿色 TFP 呈现上下波动的趋势，但波动幅度较小，整体呈现稳定增长的趋势。从地域差距看，东中西部农业 TFP 呈现由高到低的梯度，但是东、中、西部地区农业 TFP 差距有缩小趋势。

第二，农产品国际贸易规模的扩大总体加剧了农业面源污染。农产品出口规模扩大加剧了污染，而进口对污染无显著影响。农产品国际贸易的规模效应显著加剧了农业面源污染，结构效应减轻了农业面源污染，但技术效应对农业面源污染无显著影响。农产品国际贸易规模扩大显著提升了农业 TFP。农产品出口和进口均推进了农业 TFP 的增长，且农产品出口的 TFP 效应强于农产品进口的 TFP 效应。

第三，农产品国际贸易规模的扩大有利于农业绿色 TFP 的增长。本书对 Coe 和 Helpman（1995）模型进行拓展，综合考量了农产品国际贸易对农业绿色 TFP 的线性效应和非线性效应。首先，从全国数据分析结果可知，农产品外贸规模的扩大提高了农业绿色 TFP，农产品出口和农产品进口对农业绿色 TFP 均有显著的正向影响。其次，考察农产品国际贸易对农业绿色 TFP 影响的非线性效应，发现存在基于农业经济发展水平、人力资本水平以及基础设施建设水平的双门槛效应。随着农业经济水平和基础设施建设水平的提高，农产品国际贸易对农业绿色 TFP 的正向影响是梯次增强的；随着人力资本水平的提高，农产品国际贸易对农业绿色 TFP 的影响是由不显著到显著为正的。

第四，农产品国际贸易的绿色 TFP 效应具有区域和产品异质性。首先，本书分析比较东、中、西部三个区域农产品进出口的绿色 TFP 效应，回归结果显示，农产品出口和进口促进了东、西部地区的农业绿色 TFP 增长，但是对中部地区影响不显著。其次，本书选取有代表性的农产品分别分析其绿色 TFP 效应，结果表明：畜产品的出口抑制了东部地区农业绿色 TFP 的增长，蔬菜出口、水果及坚果出口和食用油籽进口促进了东部地区农业绿色 TFP 的增长；蔬菜出口和畜产品进口阻碍了中部地区农业绿色 TFP 的增长，食用油籽进口和蔬菜进口推动了中部地区农业绿色 TFP 的增长；畜产品的出口和进口不利于西部地区农业绿色 TFP 的增长，但水果及坚果出口有利于西部地区农业绿色 TFP 的增长。

第二节　政策建议

一、推动农业绿色技术进步，提升农业绿色技术效率

目前中国政府已在农业科研方面投入了大量的人力物力，但是由于地区经济发展的驱动或使用成本的限制，非清洁生产技术更多地被用于生产，在增产增收的同时却产生了大量污染。因此，政府和农业产业化龙头企业在未来应继续加强研发资本投入，但应强调研发和应用清洁生产技术的导向，从以下三方面推动农业绿色技术进步，提升农业绿色技术效率。

首先，鼓励原始创新、自主创新，增强原始创新能力，并引进、吸收、消化和创新国外清洁生产技术，以提升国家技术创新能力，进而推动农业绿色技术进步。联合农业产业化龙头企业和研究机构组建科技创新联盟，引进重大项目，消化吸收引进技术。依托支柱产业、重点行业以及农业产业化龙头企业搭建平台，组建各类科研院所引进高技术产业，加快产业集聚，实现技术赶超。与此同时，深化产学研合作，加快农业创新创业示范性基地建设，推进高新技术成果产业化、商品化进程。

其次，建立与农业污染物减排挂钩的财政支持体系，对于推广和使用测土配方，应用土壤有机质等清洁生产技术的生产者予以专门的补助。转变农业补贴方式，由以往对化肥、农药行业直接补贴转为对农业生产者、农业工程以及企业进行补贴。鼓励农民采用环境友好型技术，把调控农业面源污染转移到个体自觉行为上。

最后，着力加大农业技术推广、培训力度，进一步健全和完善农业绿色技术推广体系。农业技术推广可以引导农户合理使用化学要素，同时是引导农户合理配置利用农村自然资源的重要环节。加大农业技术的推广和普及力度，开展农民技术培训，有助于农民加强对可持续农业生产技术的理解，提高在农业生产中使用可持续农业生产技术的可能性，从而达到降

低资源消耗、减少环境污染的目标。目前，随着中国农业结构的调整，农业剩余劳动力向非农业的转移，加快了工业化和城市化的进程，农业的经营主体也逐渐分化。新型农业经营主体，主要以农业专业大户、农业企业、新型农业经营主体农民专业合作组织以及社区性或行业性的服务组织等为骨干，成为现代农业发展新的动力。农业经营主体的日益分化，对农业技术推广体系提出了新的要求。因此，政府要引导和扶持粮食生产社会化服务组织、规模化农场、农业产业化龙头企业、农民专业合作社等经营性农业技术推广机构参与到农业技术的推广中去，构建多元化的农业技术推广体系，探索公益性与经营性农技推广融合发展机制，鼓励农户采取可持续的农业生产行为，保护农业资源环境。

二、优化农产品国际贸易结构，规避环境污染

农产品国际贸易在促进经济增长的同时，也带来了环境污染。为实现农产品国际贸易和环境保护的良性互动，需要从环境层面构建长效机制，以尽可能减少农产品国际贸易对环境产生的负面影响。

首先，合理调整出口。逐步实现农产品贸易出口由增长数量到提高质量的转变，并着力优化外贸出口结构，推动外贸发展方式转变。既要大力发展环境污染少、附加值大、资源消耗低的现代出口贸易，又要积极构建加工贸易产业集群创新体系，进一步提高环保与能耗标准，倒逼加工贸易转型升级。细分出口农产品，并测算具体农产品对环境污染的影响，根据资源消耗和生产过程污染程度将其区分为清洁型农产品和污染密集型农产品，提升清洁型农产品的出口竞争力。

其次，努力实现"适度进口"。进口有利于减轻环境和资源压力，但不能因此盲目大量增加进口。加大资源消耗和污染密集型农产品的进口，加强对进口农产品的检验检疫，对于存在病疫国家或地区的产品重点检查，杜绝病疫的入境。

再次，要通过税收优惠、财政补贴、专项基金支持等措施增加农业产业化专项资金，引导和支持农业出口企业在"引进来、走出去"过程中注重清洁产业技术的升级与应用，鼓励企业提升绿色产品的竞争力，加快清

洁技术在区域内的消化、吸收和扩散，努力提升企业的绿色技术能力和绿色产品含量，充分释放贸易自由化的绿色生产率增长效应。

最后，针对农业面源污染的问题，可以采取以下政策：收取排污费、化肥税及发放有机肥施用补贴等经济激励政策，划定畜禽禁养区和限制养殖区的污染排放等命令型政策，推广资源环境友好型技术的资源计划政策等，通过对农户进行教育培训，将污染防控等措施落实到微观层面。

三、畅通技术溢出渠道，利用农产品国际贸易促进技术吸纳

充分利用农产品国际贸易的技术溢出效应，不仅需要从政策层面构建技术扩散的诱导机制，还需要畅通技术溢出渠道，推进产业对接、加强人才培养、加大农村基础设施建设投入，使国内生产者能够消化吸收对外开放带来的先进技术，并在此基础上进行研发和创新。

推进产业对接。需要将国外先进技术进行转移、吸纳和消化应建立国内相配套的产业基础，缩小国内外的技术差距，降低相互之间建立产业关联的难度，使得技术溢出效应充分显现。因此在技术吸纳的过程中，需要不断创新完善国内外产业对接机制，奠定国内外产业对接基础，推动农业产业化龙头企业成为吸纳技术溢出的重要载体和带动全行业自主创新的主体。为有效实现产业对接，应重点从以下五个方面做好工作：一是加强立法工作，通过制定国内产业发展的相关条例，健全完善农业高技术产业政策体系，以此推动政策衔接，形成国内扶持农业高技术产业发展的政策合力。二是增加科研资金投入，使研发经费支出的增长速度适度高于增幅。与此同时，加大基础性科研工作经费的投入力度，优先投向高科技领域和前瞻性新兴产业，以此推动某些产业或者产业某些发展阶段的技术跨越式发展。三是着力打造国内大型高科技农业龙头企业，充分运用本国政府政策等各种比较优势，利用市场机制和手段，对大量社会资源进行有效整合，协同发挥跨区域、跨行业和跨部门的作用，争取更大规模和有实力企业的竞争与合作，进而加速本土企业的技术溢出吸收能力，推动其自主技术研发与创新能力的共同提升。鼓励通过进口技术含量高的资本品和农业中间

品促使本土企业不断改进技术，生产相应的配套产品来提升自身技术创新能力和效率。四是加大对外开放的力度，注重引资的质量，提升技术溢出效应。政府和企业对于外资合作项目应审慎考察，筛除占用资源和未能促进农技进步的项目，从源头上保证引资的高效。五是建立农业信息库加强产业联系，为中外企业提供合作平台，并通过信息公开迫使内资企业提高质量标准和生产效率。推动农业现代化园区建设，通过产业集群建设的方式使得农业产业链条上的企业能够聚集在同一园区内，降低联系成本，增加信息交流渠道，充分发挥产业集聚效应和技术溢出效应。

加强人才培养。专业技术人才是技术吸纳的主体，因此国内农业人力资本的积累显得尤为重要。健全完善的人才培育机制是农业人力资本积累的主要手段，而教育投资的持续提升又是人才培育机制得以构建的重点，因而增加教育投资有利于形成一个良性循环，即"教育投资提高—人力资本存量增加—外资技术外溢—自主技术进步—经济效率提升—教育投资再次提高"。人力资本水平的提升有利于加快推动区域技术进步和经济增长，主要表现在两个方面：一方面，人力资本积累具有循环效应，上一轮达到的人力资本水平将成为下一轮人力资本积累的基础，因此人力资本积累呈现递增性，一个区域的人力资本最初存量对该区域的人力资本存量和积累速度有明显影响。这会使一些区域在形成人力资本积累与经济发展的良性循环机制的同时，使其他相对落后地区陷入低人力资本水平陷阱。由于教育是一种准公共产品，具有消费的非竞争性和收益的非排他性，考虑到教育整体的外溢性，其私人均衡水平低于社会均衡水平，市场配置效率低下，因此应有政府介入满足社会对教育的需求。中央政府需加大教育财政投入的力度，加强教育援助，着力促进教育资源配置向中、西部地区倾斜，提高基础教育、初等教育和中等教育等的支出占公共教育总支出的比重，满足经济落后地区多层次、立体化的教育需求，有效保证和提高教育产品的质量，从而使人力资本投入、技术进步与经济增长效率之间形成良性互促循环机制。另一方面，人力资本进行的吸收、消化和再创新的知识生产活动只有与具体的生产区域相结合才具有创新性。因此，高等教育的发展要结合所在区域内外资企业，通过帮助所在区域进行"能力建设"，以提高自身技术水平，实现自我决策和自我发展。此外，高校作为区域社会系统的有机组成部分，应积极主动地为区域整体发展服务，将自身纳入区域知识创新体系之中，推动区域技术创新和经济发展。

　　加大农村基础设施建设投入。首先，尽快扭转农田水利设施建设薄弱的局面。政府利用市场机制多渠道筹集资金，进一步推进农田水利工程建设，尤其是沟渠、堰塘等小型农田水利设施的建设。同时，要突出建设重点，加强专项资金管理，提高资金使用效率和效益。其次，全面完成农村公路设施建设任务。政府应继续加大农村公路建设投入，以政府投入为主，坚持多元化投融资政策，加快农村公路发展，减轻农民负担。政府应重视农村公路的科学规划、建设及管理维护，确保农村公路高效、协调、快速发展。最后，提升农电设施管理水平及效率。政府应结合地区实际，因地制宜，根据农村不同类别区域负荷特点，实行多种供电模式，满足农村经济社会发展和人民生活用电需求。此外，为加快农村电网升级改造、农村水电增效扩容改造，政府应提供更多的政策支持和资金支持，充分利用各种基础设施为贸易的技术溢出提供保障。

四、树立绿色发展理念，加强统筹规划

　　由前文分析可知，农业绿色 TFP 在东、中、西部地区有显著的区域差异，其空间分布格局呈东、中、西部梯度递减趋势。从宏观层面看，需要中央政府继续大力实施区域经济协调发展战略，推动"内陆崛起"和"沿边开发"，缩小区域在绿色经济发展方面的整体差距，实现沿海地区、内陆地区以及沿边地区协同发展（葛鹏飞等，2018）。而地方政府则要牢固树立绿色发展理念，在正确认识当前农业绿色 TFP 空间分布格局的基础上，结合地方实际因地制宜地推动当地绿色发展。具体而言，沿海地区应根据自身地理特征规划产业结构，优化产业布局。在引导农业产业结构调整时，应适度控制养殖业的发展规模，采取相应措施实施全方位的环境管理，降低畜禽养殖业粪便污染问题。沿边地区则需要紧紧抓住和用好"西部大开发"和"沿边开发"等重要战略机遇期，充分发挥区域生态优势，努力推动生态与经济协调可持续发展。同时，借鉴沿海发达地区的发展经验，注重培养本土科技人才，加大教育资金投入，通过提高人才福利待遇，完善其住房、落户、子女入学等配套政策，为实现绿色技术进步储备更多的科

技人才。此外，行政区域之间需打破行政垄断，避免"单打独斗"，积极创造条件实现要素资源的跨区域充分自由流动，合作促进区域绿色经济协调发展。内陆地区要坚持走可持续发展、绿色崛起的道路，积极探索经济崛起与生态环境保护协调发展的新模式，严防"产业转移"演变为"污染转移"。

五、认清区域差异，实施差异化的贸易和引资战略

由于各地区的综合吸收能力具有一定的差异性，农产品国际贸易对各地绿色 TFP 的影响也有所不同。因此，地方政府要在认清区域发展异质性的基础上，有针对性地实行差异化的贸易政策，以充分发挥农产品国际贸易对绿色 TFP 的促进作用。具有较高经济发展水平和较强吸收和创新能力的地区，应继续扩大对外开放，加大高附加值、高技术含量产品的进口，通过引进优质外资项目，积极消化、吸收进口产品和外商直接投资带来的先进技术，同时通过建立生态预警体系，实时监测和防控农业面源污染排放，探寻环境保护和 TFP 持续增长的最佳契合点。而经济发展水平比较低的地区，在对外贸易和引资的同时应完善吸收能力体系，努力提升当地人力资本水平、研发资本投入水平和基础设施水平等，与对外开放形成良性互动机制。利用外资项目拉动当地经济增长的同时，对其生态效应进行客观评估，努力扭转外资项目增加环境压力的不利局面。

第三节　研究展望

本书系统地梳理了农产品国际贸易与农业绿色 TFP 的相关基础理论，介绍了农产品国际贸易和农业绿色 TFP 的现状和存在的问题，建立了理论分析框架并实证检验了农产品国际贸易对农业绿色 TFP 的影响以及区域、产品异质性，产生了一些新的研究结论。但由于农产品国际贸易与中国农业绿色 TFP 之间的关系较为复杂，目前学界对其研究尚未形成完整的理论

体系，且笔者个人能力、时间精力有限，本书尚存在一些缺憾和值得进一步研究的问题。

第一，在对农业面源污染进行核算时，采用的是陈敏鹏等（2006）和赖斯芸等（2004）的单元调查评估法，结合各污染单元的产污和排污系数，对农业面源污染的污染排放进行测算并分析其特征和趋势。该方法是目前较为推崇的测算农业面源污染的方法，但是由于调查对象主要覆盖农田化肥、畜禽养殖、农田固体废弃物和农村生活污染等，尚有其他引起污染的单元未能完全考察，且由于数据受限，无法获取动态变化的产污和排污系数，以上因素都可能导致农业面源污染排放量核算出现偏差。未来可以对单元调查评估法的产排污单元范围进一步扩大，或通过实地调研获取更为准确的产污排污系数以获取更为准确的农业面源污染数据，或可结合农业温室气体排放和农业工业污染等更为准确地界定农业环境污染问题。

第二，本书以 SBM－ML 指数测算的绿色 TFP 作为被解释变量从而构建计量模型。未来研究中，可将绿色 TFP 指数分解为绿色技术效率和绿色技术进步率，分别考察农产品国际贸易与两者的关系。另外，农业绿色技术溢出可能不仅限于本地，还会对周边地区产生辐射效应。今后可与空间计量经济模型和 GIS 等技术手段融合，综合考察绿色技术溢出的空间分布、空间结构及空间关联等。

第三，本书重点从整体和区域层面探究了农产品国际贸易与农业绿色TFP 之间的关系。在未来的研究中，可以从行业异质性、进出口市场异质性等多个角度对两者的关系进行研究。尤其涉及技术溢出效应方面，从发达国家进口与从发展中国家进口商品存在差异，进口资本品和进口中间品存在差异，当地对技术溢出的吸收能力也存在差异。未来可以结合"一带一路"或国际贸易规制变动等背景，进一步细化研究日本"肯定列表制度"、中美贸易战等对中国农产品进出口以及农业绿色生产率的影响，以更好地为中国加强国际交流、吸收国外环保技术、学习先进技术以及管理经验提供决策参考。

参考文献

［1］ Aigner D. , Lovell C. A. K. , Schmidt P. Formulation and Estimation of Stochastic Frontier Production Function Models ［J］. Journal of Econometrics, 1977, 6（1）: 21 – 37.

［2］ Álvarez R. , López R. A. Is Exporting a Source of Productivity Spillovers? ［J］. Review of World Economics, 2006, 144（4）: 723 – 749.

［3］ Antle J. M. , Heidebrink G. Environment and Development: Theory and International Evidence ［J］. Economic Development and Cultural Change, 1995, 43（3）: 603 – 625.

［4］ Atkin D. , Khandelwal A. K. , Osman A. Exporting and Firm Performance: Evidence from a Randomized Experiment ［J］. The Quarterly Journal of Economics, 2017, 132（2）: 551 – 615.

［5］ Ball V. E. , Fare Rolf, Grosskopf S. , et al. Productivity of the U. S. Agricultural Sector: The Case of Undesirable Outputs ［M］. Chicago: University of Chicago Press, 2001.

［6］ Bayoumi T. , Coe D. T. , Helpman E. R&D Spillovers and Global Growth ［J］. Journal of International Economics, 1999, 47（2）: 399 – 428.

［7］ Benhabib J. , Spiegel M. M. The Role of Human Capital in Economic Development in Economic Development Evidence from Aggregate Cross – country and Regional U. S. data ［J］. Journal of Monetary Economics, 1994, 34（2）: 143 – 173.

［8］ Blalock G. , Veloso F. M. Import Productivity Growth and Supply Chain

Learning [J]. World Development, 2007, 35 (7): 1134 – 1151.

[9] Boserup E. Population and Technological Change: A Study of Long – term Trends [M]. Chicago: University of Chicago Press, 1981.

[10] Caves D. W., Christensen L. R., Diewert W. E. Multilateral Comparisons of Output: Input and Productivity Using Superlative Index Numbers [J]. Economic Journal, 1982, 92 (365): 73 – 86.

[11] Chung Y. H., Färe R., Grosskopf S. Productivity and Undesirable Outputs: A Directional Distance Function Approach [J]. Journal of Environmental Management, 1997, 51 (3): 229 – 240.

[12] Coe D. T., Helpman E. International R&D Spillovers [J]. European Economic Review, 1995, 39 (5): 859 – 887.

[13] Cole M. A., Trade and the Pollution Heaven Hypothesis and Environmental Kuznets Curve: Examing the Linkages [J]. Ecological Economics, 2004, 48 (1): 71 – 81.

[14] Copeland B. R., Taylor M. S. North – South Trade and the Environment [J]. The Quarterly Journal of Economics, 1994, 109 (3): 755 – 787.

[15] Copeland B. R., Taylor, M. S. Trade, Growth, and the Environment [J]. Journal of Economic Literature, 2004, 42 (1): 7 – 71.

[16] Daily G. C., Ehrlich P. R. Population, Sustainability and Earth's Carrying Capacity [J]. Bioscience, 1992, 42 (10): 761 – 771.

[17] Dietz T., Rosa E. A. Rethinking the Environmental Impacts of Population, Affluence and Technology [J]. Human Ecology Review, 1994, 1 (2): 277 – 300.

[18] Eaton J., Kortum S. Trade in Ideas: Patenting and Productivity onn the OECD [J]. Journal of International Economics, 1996, 40 (3): 251 – 278.

[19] Ehrlich P. R., Ehrlich A. H. Population, Resource, Environment: Issues in Human Ecology [M]. Sanfrancisco: Freeman, 1970.

[20] Evenson R., Westphal L. Technological Change and Technology Strategy [J]. Handbook of Development Economics, 1995, 30 (2): 383 – 396.

[21] Fare R. , Grosskopf S. , Kokkelenberg E. C. Measuring Plant Capacity, Utilization and Technical Change: A Noparametric Approach [J]. International Economic Review, 1989, 30 (3): 655 – 666.

[22] Fare R. , Grosskopf S. , Lovell C. A. K. Production Frontiers [M] . Cambridge: Cambridge University Press, 1994.

[23] Färe R. , Grosskopf S. , Pasurka C. Environmental Production Functions and Environmental Directional Distance Functions [J] . Energy, 2007, 32 (7): 1055 – 1066.

[24] Gibson H. D. , Paclou G. Exporting and Performance: Evidence from Greek Frims [J] . Economic Bulletin, 2017 (45): 7 – 30.

[25] Gong B. Agricultural Reforms and Production in China: Changes in Provincial Production Function and Productivity in 1978 – 2015 [J] . Journal of Development Econonics, 2018, 132 (c): 18 – 31.

[26] Gong B. The Impact of Public Expenditure and International Trade on Agricultural Productivity in China [J] . Emerging Markets Finance and Trade, 2018, 54 (15): 1 – 37.

[27] Grossman G. M. , Helpman E. Quality Ladders and Product Cycles [J] . Quarterly Journal of Economics, 1991, 106 (2): 557 – 586.

[28] Grossman G. M. , Helpman E. Innovationand Growth in the Global Economy [M] . Cambridge: MIT Press, 1997.

[29] Grossman G. M. , Kruger A. B. Economic Growth and the Environment [R] . NBER Working Paper, 1994.

[30] Grossman G. M. , Kruger A. B. Environmental Impacts of a North American free Trade Agreement [R] . NBER Working Paper, 1991.

[31] Hailu A. , Veeman T. S. Non – Parametric Productivity Analysis with Undesirable Outputs: An Application to the Canadian Pulp and Paper Industry [J] . American Journal of Agricultural Economics, 2001, 83 (3): 805 – 816.

[32] Halkos G. E. , Tzeremes N. G. A Conditional Nonparametric Analysis for Measuring the Efficiency of Regional Public Healthcare Delivery: An Application to Greek Prefectures [J] . Health Policy, 2011, 103 (1): 73 – 82.

[33] Hansen B. E. Threshold Effects in Non – dynamic Panels: Estimafion, Testing and Inference [J]. Journal of Econometries, 1999, 93 (2): 345 – 368.

[34] Hong W., Cao L., Hao N. Trade Liberalization, Domestic Input and Sustainability of Agricultural TFP Growth: A new Perspective Based on TFP Growth Structure [J]. Agricalture and Agricultural Science Procedia, 2010 (1): 376 – 385.

[35] Kumar S. Environmentally Sensitive Productivity Growth: A Global Analysis Using Malmquist – Luenberger Index [J]. Ecological Economics, 2006, 56 (2): 280 – 293.

[36] Lawrence R. Z., Weinstein D. E. Trade and Growth: Import – led or Export – led? Evidence from Japan AndKorea [R]. NBER Working Paper, 1999.

[37] Marshall A. Principles of Economics: An Introductory Volume [M]. London: Palgrave Macmillan, 1920.

[38] Mc Connell K. E. Income and the Demand for Environmental Quality [J]. Environment and Development Economics, 1997, 2 (4): 383 – 399.

[39] Nelson R. R., R, Phelps E. S. Investment in Human, Technological Diffusion and Economic Growth [J]. The American Economic Review, 1966, 56 (1): 69 – 75.

[40] Nishimizu M., Robinson S. Trade Policies and Productivity Change in Semi – industrialized Countries [J]. Journal of Development Economics, 1984 (16): 177 – 206.

[41] OECD. The Environmental Effects of Trade [M]. Paris: OECD, 1994.

[42] Ohlin B., Heckscher E. F. Heckscher – Ohlin Trade Theory [M]. Cambridge: MIT Press, 1919.

[43] Pack H., Page J. Accumulation, Exports and Growth in the High Performing Asian Economies [J]. Carnegie Rochester Conference Series on Public Policy, 1994, 40 (1): 199 – 236.

[44] Panayotou T. Globalization and Envrionment [R] . CID Working Paper No. 53, 2000.

[45] Rezek J. P. , Perrin R. K. Environmentally Adjusted Agricultural Productivity in the Great Plains [J] . Journal of Agricultural and Resource Economics, 2004, 29 (2): 346 - 369.

[46] Rivera - Batiz L. A. , Romer P. M. Economic Integration and Endogenous Growth [J] . The Quarterly Journal of Economics, 1991, 106 (2): 531 - 555.

[47] Romer P. M. Endogenous Technological Change [J] . Journal of Political Economy, 1990, 98 (5): 71 - 102.

[48] Shephard R. W. Theory of Cost and Production Functions [M] . New Jersy: Princeton University Press, 1970.

[49] Sims C. A. Macroeconomics and Reality [J] . Econometric, 1980, 48 (1): 1 - 48.

[50] Steven R C. Ecosystem and Human Wellbeing: Scenarios, Volume2 [M] . London: Islang Press, 2005.

[51] Taberth J. , Bohara A. K. Economic Openness and Green GDP [J]. Ecological Economics, 2006, 58 (4): 743 - 758.

[52] Tone K. A Slacks - based Measure of Efficeiency in Data Envelopment Analysis [J] . European Journal of Operational Researc, 2001, 130 (3): 498 - 509.

[53] Walter T, Ugelow J. L. Environmental Policies in Developing Countries [J] . Ambio, 1979, 8 (2/3): 102 - 109.

[54] 曹大宇, 李谷成. 我国农业环境库兹涅茨曲线的实证研究——基于联立方程模型的估计 [J] . 软科学, 2011, 25 (7): 76 - 80.

[55] 陈华, 刘舜佳. 对外贸易对农业 TFP 的空间溢出效应研究 [J] . 科技经济市场, 2013 (3): 25 - 27.

[56] 陈萌山. 加快体制机制创新 提升农业科技对现代农业发展的支撑能力 [J] . 农业经济问题, 2014 (10): 4 - 7.

[57] 陈敏鹏, 陈吉宁, 赖斯芸. 中国农业和农村污染的清单分析与空

间特征识别［J］．中国环境科学，2006，26（6）：751－755．

［58］陈诗一．能源消耗、二氧化碳排放与中国工业的可持续发展［J］．经济研究，2009，44（4）：41－55．

［59］邓晓兰，鄢伟波．农村基础设施对农业全要素生产率的影响研究［J］．财贸研究，2018，29（4）：36－45．

［60］邓宗兵．中国农业全要素生产率增长及影响因素研究［D］．重庆：西南大学博士学位论文，2010．

［61］丁黎黎，朱琳，何广顺．中国海洋经济绿色全要素生产率测度及影响因素［J］．中国科技论坛，2015（2）：72－78．

［62］丁玉梅，廖程胜，吴贤荣等．中国农产品贸易隐含碳排放量测度与时空分析［J］．华中农业大学学报（社会科学版），2017（1）：44－54．

［63］杜江，罗珺．农业经济增长与污染型要素投入［J］．经济评论，2013（3）：56－65．

［64］杜江，王锐，王新华．环境全要素生产率与农业增长：基于DEA－GML指数与面板Tobit模型的两阶段分析［J］．中国农村经济，2016（3）：65－81．

［65］段华平，刘德进，杨国红．基于清单分析的农业面源污染源强计算方法［J］．环境科学与管理，2009（12）：58－61，74．

［66］段华平．农业非点源污染控制区划方法及其应用研究［D］．南京：南京农业大学博士学位论文，2010．

［67］符宁．人力资本、研发强度与进口贸易技术溢出——基于我国吸收能力的实证研究［J］．世界经济研究，2007（11）：37－42，61．

［68］高帆．我国区域农业全要素生产率的演变趋势与影响因素——基于省际面板数据的实证分析［J］．数量经济技术经济研究，2015（5）：3－19，53．

［69］高奇正，刘颖，叶文灿．农业贸易、研发与技术溢出——基于38个国家（地区）的验证分析［J］．中国农村经济，2018（8）：101－118．

［70］葛继红，周曙东，朱红根等．农户采用环境友好型技术行为研究——以配方施肥技术为例［J］．农业技术经济，2010（9）：57－63．

［71］葛继红，周曙东．农业面源污染的经济影响因素分析——基于

1978～2009 年的江苏省数据［J］．中国农村经济，2011（5）：72－81.

［72］葛鹏飞，王颂吉，黄秀路．中国农业绿色全要素生产率测算［J］．中国人口·资源与环境，2018，28（5）：66－74.

［73］郭海红，张在旭．改革开放四十年中国农业改革与农业动能［J］．经济体制改革，2018（5）：18－25.

［74］韩海彬，张莉．农业信息化对农业全要素生产率增长的门槛效应分析［J］．中国农村经济，2015（8）：11－21.

［75］韩晶．中国区域绿色创新效率研究［J］．财经问题研究，2012（11）：130－137.

［76］郝晓燕，张益，韩一军．农产品贸易提升了中国农业全要素生产率吗？——基于双重门槛效应的检验［J］．管理现代化，2017（5）：15－19.

［77］何兴强，欧燕，史卫等．外商直接投资技术溢出与中国吸收能力门槛研究［J］．世界经济，2014（10）：52－76.

［78］赫国胜，张微微．中国农业全要素生产率影响因素、影响效应分解及区域化差异——基于省级动态面板数据的 GMM 估计［J］．辽宁大学学报（哲学社会科学版），2016（3）：79－88.

［79］黄季焜，徐志刚，李宁辉等．新一轮贸易自由化与中国农业、贫困和环境［J］．中国科学基金，2005（3）：142－146.

［80］黄永明，陈宏．基础设施结构、空间溢出与绿色全要素生产率——中国的经验证据［J］．华东理工大学学报（社会科学版），2018，33（3）：56－64.

［81］简泽，张涛，伏玉林．进口自由化、竞争与本土企业的全要素生产率——基于中国加入 WTO 的一个自然实验［J］．经济研究，2014（8）：120－132.

［82］江激宇，李静，孟令杰．中国农业生产率的增长趋势：1978－2002［J］．南京农业大学学报，2005，28（3）：18－25.

［83］景维民，张璐．环境管制、对外开放与中国工业的绿色技术进步［J］．经济研究，2014（9）：34－47.

［84］康志勇．出口与全要素生产率——基于中国省际面板数据的经验

分析 [J]. 世界经济研究, 2009 (12): 50 – 57, 85.

[85] 匡远配, 谢杰. 中国农产品贸易的资源效应和环境效应的实证分析 [J]. 国际贸易问题, 2011 (11): 138 – 147.

[86] 赖斯芸, 杜鹏飞, 陈吉宁. 基于单元分析的非点源污染调查评估方法 [J]. 清华大学学报 (自然科学版), 2004, 44 (9): 1184 – 1187.

[87] 李谷成, 尹朝静, 吴清华. 农村基础设施建设与农业全要素生产率 [J]. 中南财经政法大学学报, 2015 (1): 141 – 147.

[88] 李谷成. 技术效率、技术进步与中国农业生产率增长 [J]. 经济评论, 2009 (1): 47 – 53.

[89] 李谷成. 中国农业的绿色生产率革命: 1978 – 2008 年 [J]. 经济学 (季刊) 2014, 13 (2): 137 – 158.

[90] 李静, 孟令杰. 中国农业生产率的变动与分解分析: 1978 ~ 2004年——基于非参数的 HMB 生产率指数的实证研究 [J]. 数量经济技术经济研究, 2006, 23 (5): 69 – 75.

[91] 李录堂, 薛继亮. 中国农业生产率增长变化趋势研究: 1980 ~ 2006 [J]. 上海财经大学学报, 2008 (4): 78 – 85.

[92] 李小平, 朱钟棣. 国际贸易的技术溢出门槛效应——基于中国各地区面板数据的分析 [J]. 统计研究, 2004 (10): 27 – 32.

[93] 梁俊, 龙少波. 农业绿色全要素生产率增长及其影响因素 [J]. 华南农业大学学报 (社会科学版), 2015 (3): 1 – 12.

[94] 林建, 廖杉杉. 农业外商直接投资对农业科技进步贡献率的影响研究 [J]. 重庆大学学报 (社会科学版), 2014, 20 (4): 57 – 64.

[95] 林克剑. 唐华俊发布《中国农业农村科技发展报告 (2012 – 2017)》 [EB/OL]. 中国农业科学院, http://www.caas.net.cn/xwzx/yw/293903.html, 2018 – 09 – 20.

[96] 刘舜佳, 生延超. 农产品贸易研发知识溢出: 基于 Coe – Helpman 模型在空间维度扩展后的实证研究 [J]. 国际贸易问题, 2015 (9): 29 – 42.

[97] 刘子飞. 中国农产品对外贸易环境效应的实证分析 [J]. 经济问题探索, 2014 (12): 110 – 117.

［98］陆文聪，郭小钗．农业贸易自由化对我国环境的影响与对策［J］．中国农村经济，2002（1）：46－51.

［99］陆文聪，余新平．中国农业科技进步与农民收入增长［J］．浙江大学学报（人文社会科学版），2013，43（4）：5－16.

［100］吕大国，耿强．出口贸易与中国全要素生产率增长——基于二元外贸结构的视角［J］．世界经济研究，2015（4）：72－79，128.

［101］马大来．中国区域碳排放效率及其影响因素的空间计量研究［D］．重庆：重庆大学博士学位论文，2015.

［102］马进．我国农产品贸易与农业环境效应研究［D］．济南．山东大学博士学位论文，2016.

［103］马巍，王春平，李旭．农业 FDI 的技术溢出效应——基于 27 省面板门槛模型实证分析［J］．经济地理，2016，36（7）：167－172.

［104］闵继胜．农产品对外贸易对中国农业生产温室气体排放量的影响研究［D］．南京：南京农业大学博士学位论文，2012：15－18.

［105］潘丹，应瑞瑶．中国农业全要素生产率增长的时空变异：基于文献的再研究［J］．经济地理，2012（7）：113－117.

［106］潘丹．考虑资源环境因素的中国农业生产率研究［D］．南京：南京农业大学博士学位论文，2012.

［107］彭星，李斌．贸易开放、外商直接投资与中国工业绿色转型——基于动态面板门限模型的实证研究［J］．国际贸易问题，2015（1）：166－176.

［108］齐绍洲，徐佳．贸易开放对"一带一路"沿线国家绿色全要素生产率的影响［J］．中国人口·资源与环境，2018（4）：134－144.

［109］全炯振．中国农业全要素生产率增长的实证分析：1978～2007年——基于随机前沿分析（SFA）方法［J］．中国农村经济，2009（9）：63－71.

［110］冉启英，周辉．环境约束下农业全要素能源效率研究：基于 SBM－TOBIT 模型［J］．经济问题，2017（1）：103－109.

［111］沈能，李富有．技术势差、进口贸易溢出与生产率空间差异——基于双门槛效应的检验［J］．国际贸易问题，2012（9）：108－117.

［112］沈能，张斌．农业增长能改善环境生产率吗？——有条件"环境库兹涅茨曲线"的实证检验［J］．中国农村经济，2015（7）：17－30.

［113］石嫣，程存旺．关于短链农业的思考［J］．中国合作经济，2010（5）：29－30.

［114］孙大元，杨祁云，张景欣等．广东省农业面源污染与农业经济发展的关系［J］．中国人口·资源与环境，2016，26（S1）：102－105.

［115］孙瑾，刘文革，周钰迪．中国对外开放、产业结构与绿色经济增长——基于省际面板数据的实证检验［J］．管理世界，2014（6）：172－173.

［116］孙骏，蔡贤恩．对外开放对福建农业全要素生产率增长的影响研究——基于 DEA 与 VAR 的实证分析［J］．技术经济，2010，29（10）：57－63.

［117］汤毅，尹翔硕．贸易自由化、异质性企业与全要素生产率——基于我国制造业企业层面的实证研究［J］．财贸经济，2014（11）：79－88.

［118］王佳，于维洋．基于环境库兹涅茨曲线的秦皇岛环境污染与经济增长关联量化分析［J］．燕山大学学报（哲学社会科学版），2015，16（2）：127－131.

［119］王炯，邓宗兵．中国农业全要素生产率的变动趋势及区域差异——基于 1978～2008 年曼奎斯特指数分析［J］．生态经济，2012（7）：129－133，144.

［120］王珏，宋文飞，韩先锋．中国地区农业全要素生产率及其影响因素的空间计量分析——基于 1992～2007 年省域空间面板数据［J］．中国农村经济，2010（8）：24－35.

［121］王俊起，王友斌，李筱翠．乡镇生活垃圾与生活污水排放及处理现状［J］．中国卫生工程学，2004（4）：12－15.

［122］王奇，王会，陈海丹．中国农业绿色全要素生产率变化研究：1992－2010 年［J］．经济评论，2012（5）：24－33.

［123］魏锴，杨礼胜，张昭．对我国农业技术引进问题的政策思考——兼论农业技术进步的路径选择［J］．农业经济问题，2013，34（4）：

35 - 41.

[124] 吴方卫, 应瑞瑶. 产业结构变化对农村经济增长影响的实证分析 [J]. 农业技术经济, 2000 (4): 17 - 20.

[125] 吴其勉, 林卿. 农业面源污染与经济增长的动态关系研究——基于 1995 - 2011 年福建省数据分析 [J]. 江西农业大学学报（社会科学版）, 2013, 12 (4): 445 - 452.

[126] 武淑霞. 我国农村畜禽养殖业氮磷排放变化特征及其对农业面源污染的影响 [D]. 北京: 中国农业科学院博士学位论文, 2005.

[127] 徐辉, 杨烨. 人口和产业集聚对环境污染的影响——以中国的 100 个城市为例 [J]. 城市问题, 2017 (1): 53 - 60.

[128] 许和连, 亓朋, 祝树金. 贸易开放度、人力资本与全要素生产率: 基于中国省际面板数据的经验分析 [J]. 世界经济, 2006 (12): 3 - 10.

[129] 薛建良, 李秉龙. 基于环境修正的中国农业全要素生产率度量 [J]. 中国人口·资源与环境, 2011, 21 (5): 113 - 118.

[130] 杨光. 外资进入我国农业的新动向及对策建议 [J]. 经济纵横, 2015 (6): 70 - 74.

[131] 杨世迪, 韩先锋. 贸易自由化的绿色生产率增长效应及其约束机制——基于中国省际面板数据的门槛回归分析 [J]. 经济科学, 2016 (4): 65 - 77.

[132] 姚升, 王光宇. 出口贸易、外商直接投资与中国农产品加工业全要素生产率——基于行业面板数据的实证分析 [J]. 技术经济与管理研究, 2014 (10): 17 - 21.

[133] 姚增福, 刘欣. 要素禀赋结构升级、异质性人力资本与农业环境效率 [J]. 人口与经济, 2018 (2): 37 - 47.

[134] 叶初升, 惠利. 农业财政支出对中国农业绿色生产率的影响 [J]. 武汉大学学报（哲学社会科学版）, 2016 (3): 48 - 55.

[135] 尹雷, 沈毅. 农村金融发展对中国农业全要素生产率的影响: 是技术进步还是技术效率——基于省级动态面板数据的 GMM 估计 [J]. 财贸研究, 2014 (2): 32 - 40.

［136］余淼杰．加工贸易、企业生产率和关税减免——来自中国产品面的证据［J］．经济学（季刊），2011，10（4）：1251-1280.

［137］曾先峰，李国平．我国各地区的农业生产率与收敛：1980~2005［J］．数量经济技术经济研究，2008（5）：23-29.

［138］张兵兵，朱晶．出口对全要素能源效率的影响研究——基于中国37个工业行业视角的经验分析［J］．国际贸易问题，2015（4）：56-65.

［139］张化尧．基于多种外溢机制的国际贸易与我国技术进步关系分析［J］．国际贸易问题，2012（5）：16-24.

［140］张凌云，毛显强，涂莹燕等．中国种植业产品贸易自由化对环境影响的计量经济分析［J］．中国人口·资源与环境，2005，15（6）：46-49.

［141］张少华，蒋伟杰．加工贸易提高了环境全要素生产率吗——基于Luenberger生产率指数的研究［J］．南方经济，2014（11）：1-24.

［142］张少华，蒋伟杰．加工贸易与全要素生产率——基于供给和需求的分析视角［J］．上海经济研究，2015（6）：104-114，122.

［143］张淑辉．异质性农村人力资本对农业绿色生产率的影响——基于中国省级面板数据［J］．山西大学学报（哲学社会科学版），2017（5）：127-138.

［144］郑宝华，谢忠秋．基于低碳经济的中国区域全要素生产率研究［J］．经济学动态，2011（10）：38-41.

［145］郑强．外商直接投资与中国绿色全要素生产率增长［D］．重庆：重庆大学博士学位论文，2017.

［146］朱兆良．对我国粮食安全的几点思考［J］．中国科学院院刊，2006（5）：371-372.

后　记

本书是对我五年博士生涯的一个纪念。

翻看本书，就好像看到了自己五年来的艰辛时光。攻博、教学、科研、家庭……个中滋味，只有自己明了。

我天生资质驽钝，但有幸结缘庄佩芬教授，结缘福建农林大学，打开了人生的一扇门，改变了观察世界的视角。

从入门时老师手把手地教我做调研、写课题，投稿，改论文，到带我参加各种讲座、会议，直至最终完成厚重的学位论文；从一开始连三线表都不知为何物，从没有接触过任何软件的计量小白，到慢慢摸索到农业技术经济研究的门道，直至如今成为独立的科研人；从学术会议台下的听众到台上自信的发言人……每一次付出都有回报，每一件事都让我成长成熟。

这一过程，首先要感谢我的导师庄佩芬教授。她既如严父又如慈母，既为我树立了严谨治学高效工作的榜样，又在我面临多重压力时给予我关怀与鼓励，助我摆脱焦虑情绪。在此，对庄老师致以崇高的敬意和深深的谢意。

感谢福建农林大学经济学院的刘伟平教授、王文烂教授、王林萍教授、徐学荣教授等诸位老师的关怀和指导，感谢林本喜老师、邓衡山老师，何均琳老师、林航老师给予我的建议，感谢同门兄弟姐妹傅玮韡、陈燕煌、商艺强等同学的无私帮助。感谢我的同事，彭建平教授、李婷老师、许建伟老师、张俊老师给予我的帮助和支持。感谢我可爱的学生薛晓萌和陈绿禄在格式修改方面做出的工作。

本书得到福建工程学院科研启动基金和科研发展基金的大力支持，在此深表谢意。感谢经济管理出版社的热心帮助和支持。在本书的写作过程中也吸收了国内外许多专家学者的研究成果，在此一并致以诚挚的谢意。

在此，也要特别感谢我的父母、先生和公婆在我整个学业完成过程中的理解以及鼎力支持。还有我两个可爱的孩子，给了我不断努力奋发的动力和愁苦受挫时无限的安慰。我的先生与我甘苦与共，我的女儿陪伴我安静写作的数个日夜，我的儿子在我腹中一同参加了博士开题答辩，这一切都是我今生难忘的回忆。

对我而言，人生如同爬山。每一个终点都是一个新的起点。我将携带着所有人的爱，继续努力向前。感谢所有关心、支持和帮助我的老师、同学、同事、家人和朋友！

陈燕翎

2021 年 4 月 23 日